义务教育课程标准实验教科书

化 学

HUAXUE

九年级 上册

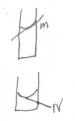

课 程 教 材 研 究 所
化学课程教材研究开发中心   编著

人民教育出版社

义务教育课程标准实验教科书

化 学

九年级 上册

课 程 教 材 研 究 所 编著
化学课程教材研究开发中心

*

人民教育出版社 出版

（北京市海淀区中关村南大街 17 号院 1 号楼 邮编：100081）

网址：http://www.pep.com.cn

贵州出版集团公司重印
贵州省新华书店发行
贵州新华印刷厂印装

*

开本：787 毫米×1092 毫米 1/16 印张：10.25 字数：184,000
2006 年 4 月第 2 版 2011 年 5 月第 1 次印刷
秋季印数：150,000 册

ISBN 978-7-107-14635-0 定价：9.84 元
G·7725（课）

本册主编：胡美玲

副 主 编：何少华 王 晶

本册编写人员：胡美玲 李文鼎 冷燕平 何少华 陈 晨 乔国才
         王 晶 杜宝山 (按编写顺序)

本次修订人员：吴海建 李文鼎 冷燕平 何少华 李 俊 乔国才
         王 晶 (按编写顺序)

责任编辑：冷燕平 乔国才

美术编辑：李宏庆

摄　影：朱 京

绘　图：李宏庆 何慧君 倪晓雁 王俊宏 郭 威 魏秀怡 杜贝贝

目 录

第二单元　我们周围的空气

第三单元　自然界的水

第四单元　物质构成的奥秘

第五单元　化学方程式

第六单元　碳和碳的氧化物

第七单元　燃料及其利用

绪 言 化学使世界变得更加绚丽多彩

你或许常常在思索：怎样才能使天空变得更蓝？河水变得更清澈？物品变得更丰富？生活变得更美好？你或许想了解人体的奥秘，发明新的药物，来解除病人的痛苦，使人类生活得更健康；你或许想变废为宝，让那些废旧塑料变成燃料，使汽车奔驰，飞机翱翔；你或许想要一件用特殊材质制成的衣服，可以调节温度，穿上它，冬暖夏凉，甚至还可以随光的强度改变颜色……你的这些美好的愿望正在通过化学家的智慧和辛勤劳动逐渐实现。

图 1 化学使世界变得更加绚丽多彩

那么你一定会问：什么是化学？

在我们生活的物质世界里，不仅存在着形形色色的物质，而且物质还在不断地变化着。化学就是要研究物质及其变化，它不仅要研究自然界已经存在的物质及其变化，还要根据需要研究和创造自然界不存在的新物质。例如，研制新型的半导体，电阻几乎为零的超导体，有记忆能力的新材料，等等。化学在保证人类的生存并不断提高人类的生活质量方面起着重要的作用。例如，利用化学生产化肥和农药，以增加粮食的产量；利用化学合成药物，以抑制细菌和病毒，保障人体健康；利用化学开发新能源和新材料，以改善人类的生存条件；利用化学综合应用自然资源和保护环境，以使人类生活得更加美好。化学是如此的奇妙，在没有学习化学前，你可能只知道食盐不过是一种调味品，可当你学习化学后，就会发现食盐的用途可多了！食盐除可用作调味品外，还是一种重要的化工原料。利用食盐可以制造氢氧化钠、氯气和氢气，并进而制造盐酸、漂白粉、塑料、肥皂和农药等，其他如造纸、纺织、印染、有机合成和金属冶炼等，也都离不开由食盐制得的化工产品。诸如此类，学习化学后，你不但能知道物质的性质和用途，还会进而知道它们的内部组成、结构以及变化规律，知道如何利用它们来制造新的产品，以及人类认识化学、利用化学和发展化学的历史和方法。由此可见，**化学**是研究物质的组成、结构、性质以及变化规律的科学。

人类认识化学并使之成为一门独立的学科，经过了漫长的过程。古时候，人类为了生存，在与自然界的种种灾难进行抗争中，发现和利用了火。火的发现和利用，改善了人类的生存条件，并使人类变得聪明而强大。继而人类又陆续发现了一些物质的变化，如发现在翠绿色的孔雀石等铜矿石上面燃烧炭火，会有红色的铜生成。就像这样，人类在逐步了解和利用这些物质变化的过程中，制得了对人类生存具有实用价值的产品，如陶瓷、铜器、铁器、纸、火药、酒、染料等，为人类提供了更多的生活和生产资料，人类越来越离不开化学了。

图 2 陕西半坡出土的
人面鱼纹彩陶盆

图 3 东汉"酿酒"画像砖拓片

图 5 唐代蜡染屏风

图4 越王勾践青铜剑

但是在很长的时间里，人类对化学的认识还只停留在表象阶段。到了近代，道尔顿[1]和阿伏加德罗[2]等科学家的研究，得出了一个重要的结论：<u>物质</u>

---

[1] 道尔顿（J.Dalton，1766—1844，英国科学家）

[2] 阿伏加德罗（A. Avogadro，1776—1856，意大利物理学家、化学家）

图6 扫描隧道显微镜
用于观察原子在固体表面的
排列情况等

是由原子和分子构成的，分子的破裂和原子的重新组合是化学变化的基础。这就是说，在化学变化中分子会破裂，而原子不会破裂，但可重新组合成新的分子。这些观点是认识和分析化学现象及其本质的基础。原子论和分子学说的创立，奠定了近代化学的基础。

就像26个英文字母可以拼写出数十万个英文单词那样，利用化学方法分析众多的物质，发现组成它们的基本成分——元素其实只有100多种。例如，蛋壳、贝壳和石灰石的主要成分都是碳酸钙，而碳酸钙是由碳、氧、钙这三种元素组成的。再如，我们熟悉的水（H_2O）、氧气（O_2）和二氧化碳（CO_2），尽管它们的组成和性质不同，但它们的成分中都含有氧元素。

1869年，门捷列夫[①]发现了元素周期律并编制出元素周期表，在元素周期律指导下，利用元素之间的一些规律性知识来分类学习物质的性质，就使化学学习和研究变得有规律可循。现

图7 蛋壳、贝壳和石灰石的主要成分都是碳酸钙

图8 X射线衍射仪，用于测定晶体结构

图9 纳米铜
用纳米材料制成的用品具有很多奇特的性质。例如，纳米铜具有超塑延展性，在室温下可拉长50多倍而不出现裂纹

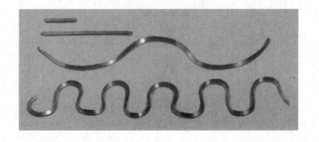

————————

① 门捷列夫（D. I. Mendeleev，1834—1907，俄国化学家）

图 10 用隔水透气的高分子
薄膜做的鸟笼

图 11 玻璃纤维增强塑料
制造的破冰斧柄

在，化学家们已能利用各种先进的仪器和分析技术对化学世界进行微观的探索，并正在探索利用纳米（1 nm=10^{-9} m）技术制造出具有特定功能的产品，使化学在材料、能源、环境和生命科学等研究上发挥越来越重要的作用。

自从化学成为一门独立的学科之后，化学家们已创造出了许多自然界中不存在的新物质。到21世纪初，人类发现和合成的物质已超过3 000万种，使人类得以享用更先进的科技成果，极大地丰富了人类的物质生活。

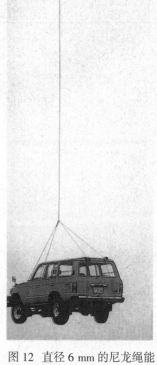

图 12 直径 6 mm 的尼龙绳能
吊起质量为 2 t 的汽车

近年来，绿色化学的提出，使更多的化学生产工艺和产品向着环境友好的方向发展，化学必将使世界变得更加绚丽多彩。

第一单元　走进化学世界

物质的变化和性质

化学是一门以实验为基础的科学

走进化学实验室

课题 1　物质的变化和性质

　　我们知道，大到宇宙中的星体，小到肉眼看不到的粒子，构成了千姿百态的物质世界。各种物质之间存在着多种相互作用，也不断地发生着变化。例如，水在一定条件下可以变成水蒸气和冰，钢铁制品在潮湿的地方会慢慢生锈，煤、木材和柴草可以在空气中燃烧而发光放热，等等。认识物质及其变化的特点，对于了解自然现象和规律是至关重要的，也与我们的日常生活紧密相关。

一、化学变化和物理变化

　　【实验1-1】　把盛有少量水的试管斜夹在铁架台上（如图1-1）。在试管底部小心加热到水沸腾。把一块洁净的玻璃片（或盛有冷水的小烧杯）移近试管口，观察并记录玻璃片上发生的现象。

　　【实验1-2】　取少量胆矾（或称蓝矾）放在研钵内（如图1-2），用杵把胆矾研碎。观察并记录胆矾发生的变化。

　　【实验1-3】　将少量胆矾和研碎的胆矾分别放入2支试管，向其中加入少量水，振荡得到澄清的硫酸铜溶液，再向其中分别滴加氢氧化钠溶液，观察并记录试管中发生的现象。

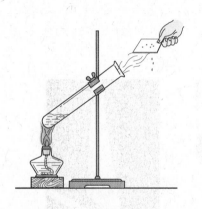

图1-1　水的沸腾

　　【实验1-4】　把少量石灰石（或大理石）放在干燥的试管里，向其中加入少量稀盐酸，用配有玻璃弯管的橡皮塞塞住试管口，使弯管的另一端伸入盛有澄清石灰水的烧杯里（如图1-3）。注意观察并记录石灰石（或大理石）的变化和石灰水发生的变化。

图1-2　胆矾的研碎

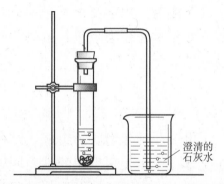

澄清的
石灰水

图1-3　石灰石与盐酸的反应

实验现象记录

实验序号	变化前的物质	变化时发生的现象	变化后的物质	变化后有无新物质生成
1-1	液态的水		液态的水	
1-2	蓝色块状的胆矾		蓝色粉末状的胆矾	
1-3	蓝色的硫酸铜溶液		蓝色的氢氧化铜沉淀等	
1-4	颗粒状石灰石（或大理石）		二氧化碳气体等	

在实验1-1和实验1-2中，虽然水和胆矾发生了形态的变化，但并没有生成其他的物质。这种没有生成其他物质的变化叫做物理变化。我们日常看到的汽油挥发、铁水铸成锅、蜡烛受热熔化等都属于物理变化。实验1-3和实验1-4中，胆矾和石灰石（或大理石）在变化中都生成了其他物质。这种生成其他物质的变化叫做化学变化，又叫做化学反应。我们日常看到的木柴燃烧、铁的生锈等都属于化学变化。

图1-4 化学变化中伴随发生的一些现象

化学变化的基本特征是有其他物质生成，常表现为颜色改变、放出气体、生成沉淀等。化学变化不但生成其他物质，而且还伴随着能量的变化，这种能量变化常表现为吸热、放热、发光等。这些现象常常可以帮助我们判断有没有化学变化发生。

二、化学性质和物理性质

化学是研究物质的组成、结构、性质以及变化规律的科学。我们将物质在化学变化中表现出来的性质叫做化学性质。例如，在生活中，铁能在潮湿的空气中生成铁锈，铜能在潮湿的空气中生成铜绿，煤和木材中的碳可以在空气中燃烧生成二氧化碳并发光、放热等；在我们刚做过的实验中，胆矾的溶液与氢氧化钠溶液反应有氢氧化铜蓝色沉淀生成，石灰石与盐酸反应有二氧化碳气体生成。

物质不需要发生化学变化就表现出来的性质叫做物理性质。颜色、状态、气味、硬度、熔点、沸点、密度等都属于物质的物理性质。了解物理性质对于研究物质的化学变化、组成和结构非常重要，下面就有关物质物理性质的几个基本概念作一简单介绍。

1. 熔点和沸点

我们知道，当温度升高时，固态的冰会变成液态的水。物质从固态变成液态叫做熔化，物质的熔化温度叫做熔点；把水加热到一定温度时，水就会沸腾，液体沸腾时的温度叫做沸点。实验证明，液体的沸点是随着大气压强的变化而变化的。物体在单位面积上所受到的压力叫压强[1]。大气压强是由于大气层受到重力作用而产生的，离地面越高的地方大气越稀薄，那里的大气压强越小。由于大气压强不是固定不变的，人们把 101 kPa 的压强规定为标准大气压强[2]。

表 1-1　一些常见物质的熔点和沸点（在标准大气压强下）

物　　质	熔点 /℃	沸点 /℃
水	0	100
铁	1 535	2 750
铝	660.37	2 467
氧气	−218.4	−182.9

2. 密度

对于体积相同的铁块和铝块，有经验的人只需用手分别"掂量"一下，就可以鉴别出哪块是铁，哪块是铝。这是由于体积相同的铁块和铝块，它们的质量是不相等的。某种物质单位体积的质量，叫做这种物质的密度[3]。

---

[1] 在国际单位制中，力的单位是牛顿（N），面积的单位是米 ^{2}（m^2），压强的单位是牛顿/米 ^{2}（N/m^2），读作牛顿每平方米，为纪念法国科学家帕斯卡（Blais Pascal,1623—1662），给予其专门名称帕斯卡，简称帕（Pa）。

[2] 标准大气压强为 101.325 kPa，本书采用 101 kPa 这个近似值。

[3] 密度的单位可用千克每立方米或克每立方厘米（kg/m^3 或 g/cm^3）表示；气体的密度常用克每升或克每毫升（g/L 或 g/mL）表示。

表1-2 一些常见物质的密度（在 0 ℃、标准大气压强下）

物　　质	密　　度
水	$1.0 \ g/cm^3$
铁	$7.8 \ g/cm^3$
铝	$2.7 \ g/cm^3$
氧气	$1.429 \ g/L$
二氧化碳	$1.977 \ g/L$
空气	$1.293 \ g/L$

在生活、生产和科研中，了解物质的物理性质也是很重要的。物质的熔点、沸点、密度以及大气压强等数据，在物理、化学等手册上一般都能查到。有关这方面的内容，在物理课中还将进一步学习。

【实验1-5】 分别取一集气瓶氧气和二氧化碳气体，仔细观察它们的颜色、状态和气味等。取一根小木条（或火柴）在空气中点燃，先后慢慢地分别放入盛有氧气和二氧化碳的集气瓶中，观察木条燃烧情况的变化。

图1-5 闻气体时的正确操作

讨论

结合自己的生活经验和知识，尽可能多地描述氧气和二氧化碳的性质，试着判断哪些属于物理性质，哪些属于化学性质，利用哪些方法可以区分它们，并将你的看法与同学交流。

我们在生活中了解到很多事实，如水和二氧化碳可以用来灭火，乙醇（俗称酒精）可作燃料，石墨可用于制铅笔芯，这些事实都表明，物质的性质决定着它们在生产和生活中的用途。对物质的性质以及探究方法的学习，一定会使你对身边的世界有更新的认识。

学完本课题你应该知道

1. 化学是一门研究物质的组成、结构、性质以及变化规律的自然科学，它与人类进步和社会发展的关系非常密切。

2. 没有生成其他物质的变化叫做物理变化；生成其他物质的变化叫做化学变化，又叫做化学反应。

3. 物质在化学变化中表现出来的性质叫做化学性质；不需要发生化学变化就表现出来的性质叫做物理性质。

习 题

1. 物理变化和化学变化的主要区别是什么？举例说明。

2. 下列现象哪些是物理变化，哪些是化学变化？为什么？

(1) 潮湿的衣服经太阳晒，变干了。

(2) 铜在潮湿的空气里生成铜绿。

(3) 纸张燃烧。

(4) 瓷碗破碎。

(5) 铁生锈。

(6) 石蜡熔化。

(7) 寒冷的冬天在玻璃窗前呼吸，玻璃上出现一层水雾。

(8) 下雪天把一团雪放在温暖的房间里，雪融化。

3. 为什么说点燃蜡烛时既有物理变化又有化学变化？

4. 下列哪些是物质的物理性质，哪些是物质的化学性质？为什么？

(1) 空气是没有颜色、没有气味的气体。

(2) 水沸腾时能变成水蒸气。

(3) 食物在人体中消化，最后能变成水、二氧化碳等。

(4) 以粮食为原料能酿酒。

(5) 铜的密度是 8.9 g/cm³，熔点是 1 083 ℃。

(6) 二氧化碳能使澄清的石灰水变浑浊。

(7) 酒精能燃烧。

(8) 酒精能挥发。

5. 根据你的观察，描述食盐（主要成分是氯化钠）的物理性质。（如果可能的话，最好能查找一下有关的数据。）

课题2 化学是一门以实验为基础的科学

化学是一门以实验为基础的科学，化学的许多重大发现和研究成果都是通过实验得到的。

说来你也许会感到惊讶，现在的化学实验室的前身是炼丹术士和炼金术士的作坊。炼丹术士幻想通过炼丹发明长生不老的药；炼金术士幻想通过"点石成金"使贱金属变成贵金属。他们的想法和做法虽然都是脱离实际的，但通过炼丹和炼金，发明了许多化学实验器具，同时也积累

图1-6 西方18世纪中叶的化学实验室（1747年）

了大量的化学知识，发明了一些用于合成和分离物质的有效方法，如过滤、蒸馏等，为化学发展成为一门科学作出了贡献。

图1-7 拉瓦锡纪念馆一角。拉瓦锡利用天平进行定量研究，弄清了燃烧的本质

图1-8 中国古代的炼丹设备

学习化学的一个重要途径是实验，通过实验以及对实验现象的观察、记录和分析等，可以发现和验证化学原理，学习科学探究的方法并获得化学知识。

下面我们利用实验来学习科学探究的方法。

一、对蜡烛及其燃烧的探究

活动与探究

观察和描述——对蜡烛及其燃烧的探究

图1-9 燃着的蜡烛

　　蜡烛是由石蜡和棉线烛芯组成的，运用除味觉以外的所有感官，尽可能对一支蜡烛在点燃前、燃着时和熄灭后的三个阶段进行观察，并将观察到的现象在下表中作详尽的、客观的描述和记录。

　　你可以按下面的提示进行实验观察，也可以增加或更改某些实验观察的内容。

表 1-3　对蜡烛及其燃烧的探究

探究步骤	对现象的观察和描述
点燃前	
燃着时	
熄灭后	

　　(1) 点燃前　观察蜡烛的颜色、状态、形状和硬度等，并嗅气味；从蜡烛上切下一块石蜡，把它放入水中，观察它是否溶于水，是浮在水面还是沉入水底？说明石蜡的密度比水小还是大？

　　(2) 点燃蜡烛　仔细观察蜡烛燃烧时发生了哪些变化，火焰分为几层？哪层最明亮？哪层最暗？取一根火柴梗，拿住一端迅速平放入火焰中，如图1-10所示，约1s后取出，观察并比较火柴梗在火焰的不同部位被烧的情况，说明火焰哪部分温度最高，哪部分温度最低？我们已经知道，二氧化碳可以使澄清的石灰水变浑浊。分别取一个干燥的烧杯和一个用澄清的石灰水润湿内壁的烧杯，先后罩在蜡烛火焰上方，如图1-11所示，仔细观察烧杯壁上分别有什么现象发生。推测蜡烛燃烧后可能生成了什么物质。

　　(3) 熄灭蜡烛　观察有什么现象发生，用火柴去点蜡烛刚熄灭时的白烟，如图1-12所示，蜡烛能否重新燃烧？

　　将你填写的表格与同学进行交流，比较谁观察到的现象多，谁的描述更细致、更准确？与同学交流进行观察和描述的体验。

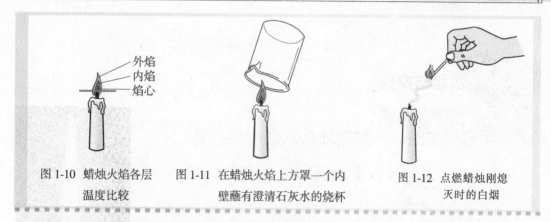

图 1-10 蜡烛火焰各层　　　图 1-11 在蜡烛火焰上方罩一个内　　　图 1-12 点燃蜡烛刚熄
温度比较　　　　　　壁蘸有澄清石灰水的烧杯　　　　　灭时的白烟

这个探究活动体现了化学学习的以下特点：

（1）关注物质的性质，如颜色、状态、气味、硬度、密度、熔点、沸点，以及如石蜡能否燃烧、其燃烧产物能否使澄清的石灰水变浑浊，等等。

（2）关注物质的变化，如石蜡受热时是否熔化，燃烧时是否发光、放热并有二氧化碳气体和水蒸气生成，等等。

（3）关注物质的变化过程及其现象，即不是孤立地关注物质的某一种性质或变化，而是对物质在变化前、变化中和变化后的现象进行细致的观察和描述，并进行比较和分析，以得出可靠的结论。

探究活动（或实验）完成后，应认真写出报告。你可以参考以下格式写报告，也可以自己设计报告的格式。

探究活动（或实验）报告

姓名_____　　　合作者_____
班级_____　　　日　期_____

探究活动（或实验）名称：
探究活动（或实验）目的：
用品（如仪器、药品等）：

步骤和方法 （可用图示）	现　象	分　析

结论：

问题和建议：

二、对人体吸入的空气和呼出的气体的探究

活动与探究

我们吸入的空气和呼出的气体有什么不同

以下信息可供你进行科学探究时参考。你还可以继续查询有关资料，并通过实验验证你的假设，做出正确的结论。

(1) 二氧化碳可以使澄清的石灰水变成白色浑浊，在下述实验中，白色浑浊越多，说明气体中二氧化碳越多。

(2) 氧气可以使带有火星的木条复燃，木条燃烧越旺，说明氧气越多。

(3) 二氧化碳可以使燃着的木条熄灭。

步骤1 将两个集气瓶分别盛满水，并用玻璃片先盖住瓶口的一小部分，然后推动玻璃片将瓶口全部盖住，把盛满水的瓶子连同玻璃片一起倒立在水槽内，如图 1-13 所示。

将饮料管小心地插入集气瓶内，并向集气瓶内缓缓吹气，如图 1-14 所示（注意：换气时不要倒吸集气瓶内的水），直到集气瓶内充满呼出的气体。在水下立即用玻璃片将集气瓶的瓶口盖好，然后取出集气瓶放在实验桌上，如图 1-15 所示。你已收集到一瓶呼出的气体。

图 1-13 准备收集气体　　　图 1-14 收集呼出的气体　　　图 1-15 呼出的气体

利用同样的方法收集另一瓶呼出的气体。

步骤2 取两个空集气瓶，用玻璃片将瓶口盖好，如图1-16所示，这样2瓶空气就收集好了。向1瓶空气和1瓶呼出的气体中各滴入数滴澄清的石灰水，振荡，如图1-17所示，观察现象并记录。

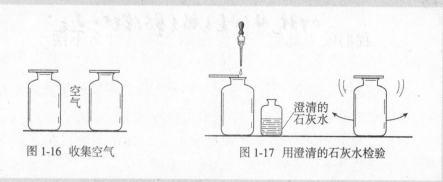

图 1-16 收集空气 　　　　　　　图 1-17 用澄清的石灰水检验

现　象	
结　论	呼出气体中的二氧化碳的含量比二氧化碳

步骤3 将燃着的小木条分别插入空气和呼出的气体中，如图1-18所示，观察现象并记录。

现　象	
结　论	呼出气体中氧气的量比空气的

图1-18 用燃着的小木条检验气体 　　　　图 1-19 对着干燥的玻璃片呼气

步骤4 取两块干燥的玻璃片,对着其中一块呼气,如图1-19所示,观察玻璃片上水蒸气的情况,并与另一块放在空气中的玻璃片作对比。

现 象	
结 论	呼出气体中水蒸气的含量大于空气中水蒸气

通过上述实验探究,比较人体吸入的空气和呼出的气体中所含二氧化碳、氧气、水蒸气的多少,你能得出哪些初步结论?

学完本课题你应该知道

1. 从日常生活中常可以发现一些有探究价值的问题,可以通过实验等手段对这些问题进行探究,并通过对实验现象的分析等获得有价值的结论。

2. 探究活动(或实验)完成后,应认真写出报告。

习 题

1. 整理本课题的探究活动记录,参考教科书中提供的格式(或自己设计报告的格式)写出探究报告。

2. 结合自己的体会,将科学探究必要的环节(或步骤)写下来,并用图示表示它们之间的关系。

课题 3　走进化学实验室

你已经知道，学习化学的一个重要途径是科学探究。实验是科学探究的重要手段，学习化学就必然要走进化学实验室，因为这是你进行科学探究的重要场所，那里有很多仪器和药品正等待着你，期望着你利用它们来探究物质及其变化的奥秘。

图 1-20　化学实验室

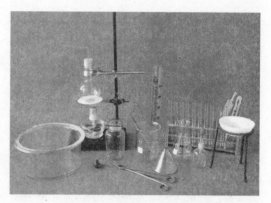

图 1-21　常用的化学实验仪器

当你走进化学实验室时，首先应该仔细阅读实验室规则。不要轻视这些规则，因为它们是你安全地进行实验并使实验获得成功的重要保证！

你还应该学习一些化学实验的基本操作，如应知道如何取用化学药品和怎样给物质加热等，以使你能正确、快速、安全地进行实验并获得可靠的实验结果。

下面我们来学习几项最基本的化学实验操作。

图 1-22　化学药品柜

一、药品的取用

实验室里所用的药品，很多是易燃、易爆、有腐蚀性或有毒的。

为保证安全，实验前要仔细阅读附录Ⅰ中的药品取用规则。

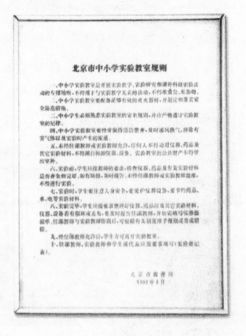

图1-23 常用危险化学品标志 　　　　　　图1-24 实验教室规则

1. 固体药品的取用

固体药品通常保存在广口瓶里，取用固体药品一般用药匙。有些块状的药品（如石灰石等）可用镊子夹取。用过的药匙或镊子要立刻用干净的纸擦拭干净，以备下次使用。

把密度较大的块状药品或金属颗粒放入玻璃容器时，应该先把容器横放，把药品或金属颗粒放入容器口以后，再把容器慢慢地竖立起来，使药品或金属颗粒缓缓地滑到容器的底部，以免打破容器。

【实验1-6】 按照上述操作方法，用镊子夹取1小粒锌放入试管中，并将试管放在试管架上。

往试管里装入固体粉末时，为避免药品沾在管口和管壁上，可先使试管倾斜，把盛有药品的药匙（或用小纸条折叠成的纸槽）小心地送至试管底部（图1-25），然后使试管直立起来。

【实验1-7】 按照上述操作方法，取少量碳酸钠粉末放入试管中，并将试管放在试管架上。

图 1-25 往试管里送入固体粉末

2. 液体药品的取用

液体药品通常盛放在细口瓶里。图 1-26 是液体药品取用的操作示意图。

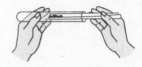

图 1-26 液体的倾倒

讨 论

1. 细口瓶的塞子为什么要倒放在桌子上？

2. 倾倒液体时，瓶口为什么要紧挨着试管口？应该快速倒还是缓慢地倒？

3. 拿细口瓶倒液时，为什么细口瓶贴标签的一面要朝向手心处？

4. 倒完液体后，为什么要立即盖紧瓶塞，并把瓶子放回原处？

取用一定量的液体药品，常用量筒量出体积。量液时，量筒必须放平，视线要与量筒内液体的凹液面的最低处保持水平（图 1-27），再读出液体的体积。

图 1-27 液体的量取

讨 论

量取液体时，如果视线没有与量筒内液体凹液面的最低处保持水平，而是采用仰视或俯视的方法，将会对读数产生什么影响？

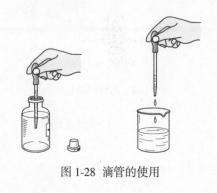

图1-28 滴管的使用

取用少量液体时还可用滴管。取液后的滴管，应保持橡胶胶帽在上，不要平放或倒置，防止液体倒流，沾污试剂或腐蚀橡胶胶帽；不要把滴管放在实验台或其他地方，以免沾污滴管。用过的滴管要立即用清水冲洗干净（滴瓶上的滴管不要用水冲洗），以备再用。严禁用未经清洗的滴管再吸取别的试剂。

【实验1-8】 按上述方法用 10 mL 量筒量取 2 mL 盐酸，加入实验1-7中盛有碳酸钠粉末的试管中，观察有什么现象发生。

用滴管向盛有锌粒的试管中滴加少量盐酸，观察有什么现象发生。

实　　验	现　　象
碳酸钠粉末中加入盐酸	
锌粒中加入盐酸	

二、 物质的加热

1. 酒精灯的使用方法

使用酒精灯时，要注意以下几点：绝对禁止向燃着的酒精灯里添加酒精，以免失火；绝对禁止用酒精灯引燃另一只酒精灯；用完酒精灯后，必须用灯帽盖灭，不可用嘴去吹（如图1-29所示，为什么？）。不要碰倒酒精灯，万一洒出的酒精在桌上燃烧起来，不要惊慌，应立刻用湿抹布扑盖。

图1-29 酒精灯的使用

【实验1-9】 点燃酒精灯，仔细观察火焰的分层情况。取一根火柴梗，拿住一端迅速平放入火焰中，如图1-30所示，约1~2 s后取出，观察，处在火焰哪一层的火柴梗最先碳化？哪一层的火焰温度最高？用酒精灯加热时，应该用哪一层火焰加热？

熄灭酒精灯。

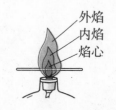

外焰
内焰
焰心

图1-30 酒精灯的灯焰

2. 给物质加热

活动与探究

取三支试管，各加入3 mL水。将其中一支试管的底部放在酒精灯火焰上方约3 cm处加热；将另一支试管的底部放在接近灯芯处加热；第三支试管的底部放在外焰部分加热，记录上述三种情况下将水加热至沸腾时所需的时间。由此实验你能得出什么结论？

讨论：

1. 加热试管里的液体时，能否将试管口对着人？为什么？

2. 如果试管外壁有水的话，能否不擦干直接加热？为什么？

3. 将液体加热至沸腾的试管，能否立即用冷水冲洗？为什么？

4. 如何给试管中的液体进行预热？

归纳给物质加热的方法：

给物质加热的方法

图 1-31 加热方法

【实验 1-10】 用 10 mL 量筒量取 2 mL 氢氧化钠溶液，倒入试管中，然后用滴管在该试管中滴加硫酸铜溶液，观察有什么现象发生。按图 1-31 中所示的正确加热方法，用试管夹夹住该试管（夹在距试管口约1/3处），放在酒精灯火焰上加热，观察有什么现象发生。

实　　验	现　　象
氢氧化钠溶液中加入硫酸铜溶液	
加热上述反应后生成的物质	

三、洗涤仪器

做实验必须用干净的仪器，否则会影响实验效果。现以洗涤试管为例，说明洗涤玻璃仪器的方法。

先倒净试管内的废液，再注入半试管水，振荡后把水倒掉（图 1-32），再注入水，振荡后再倒掉，这样连洗几次。如果内壁附有不易洗掉的物质，

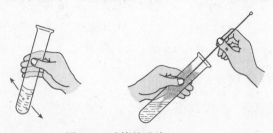

图 1-32 试管的洗涤

要用试管刷刷洗。刷洗时须转动或上下移动试管刷，但用力不能过猛，以防试管损坏。

洗过的玻璃仪器内壁附着的水既不聚成水滴，也不成股流下时，表示仪器已洗干净。洗净的玻璃仪器应放在试管架上或指定的地方。

【实验1-11】 按照上述方法，将实验中所用的试管和量筒等都刷洗干净，并整理实验桌和实验室。

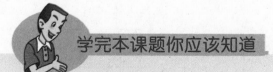

学完本课题你应该知道

化学实验室是进行实验的重要场所，要遵守实验室规则，特别要注意安全，并学习一些最基本的实验操作方法，这是你实验成功的重要保证。

习 题

1.下列图示实验操作中，正确的是（　　）。

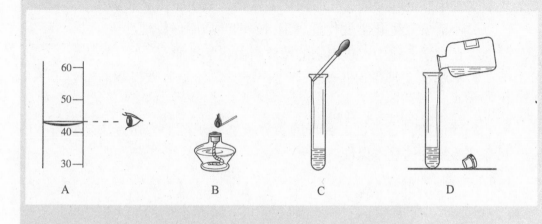

2. 参考下列图示的实验操作,利用家中的杯子、瓶子、碗、筷、匙、饮料吸管,以及食盐、冰糖和水等,进行固体药品取用、液体倾倒和排水集气等操作练习。

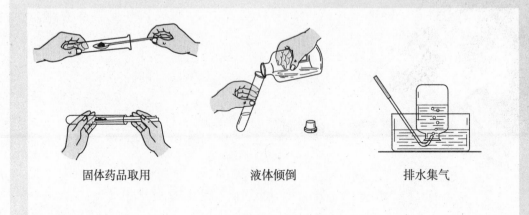

固体药品取用　　　　　液体倾倒　　　　　排水集气

本单元小结

1. 化学是一门使人类生活得更加美好的自然科学,它研究物质的组成、结构、性质以及变化规律。

2. 没有生成其他物质的变化叫做物理变化。

生成其他物质的变化叫做化学变化,又叫做化学反应。

3. 不需要发生化学变化就表现出来的性质叫做物理性质。

在化学变化中表现出来的性质叫做化学性质。

4. 科学探究是学习化学的重要途径,实验是科学探究的重要手段。

5. 严谨的科学态度、合理的实验步骤和规范的操作方法是获得可靠实验结论的基本保证。

第二单元　我们周围的空气

空气

氧气

制取氧气

人类每时每刻都离不开空气，没有空气就没有生命，也就没有生机勃勃的地球。空气是一种重要的自然资源。

课题1 空 气

一、空气是由什么组成的

二百多年前，法国化学家拉瓦锡用定量的方法研究了空气的成分。他把少量汞放在密闭的容器里连续加热 12 天。发现有一部分银白色的液态汞变成红色粉末，同时容器里空气的体积差不多减少了1/5。他研究了剩余4/5体积的气体，发现这部分气体既不能供给呼吸，也不能支持燃烧，他误认为这些气体全部都是氮气（拉丁文原意是"不能维持生命"）。

N₂

图2-1 拉瓦锡
（A.-L.Lavoisier, 1743—1794）

曲颈甑
玻璃钟罩
汞槽
火炉

图2-2 拉瓦锡研究空气成分所用的装置

拉瓦锡又把在汞表面上所生成的红色粉末收集起来，放在另一个较小的容器里再加强热，得到了汞和氧气（化学符号为 O_2），而且氧气的体积恰好等于密闭容器里所减少的体积。他把得到的氧气加到前一个容器里剩下的4/5体积的气体中，结果所得气体跟空气的性质完全一样。

通过这些实验，拉瓦锡得出了空气由氧气和氮气（化学符号为N_2）组成，其中氧气约占空气总体积的1/5的结论。

在 19 世纪末以前，人们深信空气中仅含有氧气和氮气。后来陆续发现了氦、氖、氩、氪、氙等稀有气体，才认识到空气中除了氧气和氮气外，还有其他的成分。目前，人们已能用实验方法精确地测定空气的成分。

仿照这个历史上著名实验的原理，我们来测定空气里氧气的含量。

【实验 2-1】 实验装置如图 2-3 所示。在集气瓶内加入少量水，并做上记号。用弹簧夹夹紧乳胶管。点燃燃烧匙内的红磷后，立即伸入瓶中并把塞子塞紧。观察红磷燃烧的现象。待红磷熄灭并冷却后，打开弹簧夹，观察实验现象及水面的变化情况。

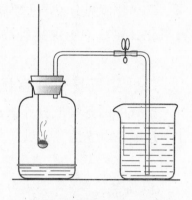

现 象	
分 析	

图 2-3 测定空气里氧气含量

在这一反应中，红磷（化学符号为 P）与空气中的氧气反应，生成一种叫做五氧化二磷（化学符号为 P_2O_5）的新物质。这一反应可以用文字表示如下：

$$红磷 + 氧气 \xrightarrow{点燃} 五氧化二磷$$

集气瓶内水平面上升，说明空气中的氧气被消耗了。

讨 论

拉瓦锡通过实验得出的结论是氧气约占空气总体积的1/5，而在我们的实验中，为什么气体减少的体积小于1/5？红磷熄灭后瓶内还有没有残余的氧气？

实验表明，空气的成分按体积计算，大约是：氮气78%、氧气21%、稀有气体0.94%、二氧化碳0.03%、其他气体和杂质0.03%。

像空气这样由两种或多种物质混合而成的物质叫混合物，组成混合物的各种成分之间没有发生化学反应，它们各自保持着原来的性质。

氮气、氧气、二氧化碳等分别只由一种物质组成，它们都是纯净物。纯净物可以用专门的化学符号来表示，如氮气可以用 N_2 来表示，氧

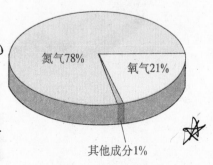

图2-4 空气成分示意图

气、二氧化碳可分别表示为 O_2、CO_2 等。上面实验中使用的红磷（P）和生成的五氧化二磷（P_2O_5）也是纯净物。

二、空气是一种宝贵的资源

空气中的各种成分作为原料广泛用于生产化肥、化工产品、炼钢、石油加工、运输、电光源等领域，是人类生产活动的重要资源。

1. 氧气

过去，人们曾把氧气叫做"养气"，这充分说明了氧气的重要性。在通常情况下，人吸入空气就可以了，但如潜水、医疗急救等时，则需要用纯氧（或富氧空气）；燃料燃烧离不开氧气，炼钢、气焊以及化工生产和宇宙航行等都要用到氧气。

图 2-5 氧气用于动植物呼吸、医疗急救、金属切割等

2. 氮气

氮气具有广泛用途，它是制硝酸和化肥的重要原料；由于氮气的化学性质不活泼，因此常用作保护气，如焊接金属时常用氮作保护气，灯泡中充氮以延

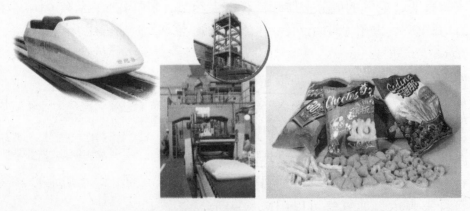

图 2-6 氮气用于超导实验车、化工原料、食品充氮防腐等

长使用寿命，食品包装时充氮以防腐；医疗上可在液氮冷冻麻醉条件下做手术；超导材料在液氮的低温环境下能显示超导性能。

讨 论

在测定空气中氧气含量的实验中，集气瓶内剩下的气体主要是氮气。结合实验和日常生活经验讨论：

1. 燃烧着的红磷熄灭了，这种现象说明氮气能不能支持燃烧？

2. 集气瓶内水平面上升一定高度后，还继续上升吗？这种现象能不能说明氮气不易溶于水？

3. 空气所表现出来的某些性质，能不能在一定程度上代表氮气的性质？

通过日常生活对空气的观察及上面的讨论，你能否描述氮气的物理性质？

	颜色	状态	气味	标准状况[①]下的密度	熔点	沸点	是否易溶于水
氮气				$1.251\ g \cdot L^{-1}$	$-209.9\ ℃$	$-195.8\ ℃$	

从红磷在氮气中不能继续燃烧的事实，说明氮气不支持燃烧。许多实验事实都表明，氮气的化学性质不如氧气活泼。

3. 稀有气体

在空气的成分中，稀有气体(氦、氖、氩、氪和氙)所占比率虽然不大，但它们却是一类很重要的气体。它们都没有颜色，没有气味，化学性质很不活泼。过去人们认为这些气体不跟其他物质发生化学反应，曾把它们叫做惰性气体。但随着科学技术的发展，已经发现有些稀有气体在一定条件下也能与某些物质发生化学反应，生成其他物质。

在生产和科学研究中，稀有气体有广泛的用途。由于稀有气体有惰性，因此常用作保护气，如焊接金属时用稀有气体来隔绝空气，灯泡中充稀有气体以

① 标准状况指的是温度为 0 ℃和压强为 101 kPa 时的情况。

使灯泡耐用；稀有气体在通电时能发出不同颜色的光，可制成多种用途的电光源，如航标灯、强照明灯、闪光灯、霓虹灯等；氦、氖、氩、氪、氙等可用于激光技术；氦可用于制造低温环境；氙可用于医疗麻醉。

图 2-7　稀有气体用于飞艇、闪光灯、液氦冷冻机、霓虹灯等

图2-8　大气污染

三、保护空气

洁净的空气对于人类和其他动植物都是非常重要的。但是，随着工业的发展，排放到空气中的有害气体和烟尘对空气造成了污染。被污染的空气会严重损害人体健康，影响作物生长，破坏生态平衡。全球气候变暖、臭氧层破坏和酸雨等也都与空气污染有关。

为了使天空更蓝，人类正在积极行动起来，如加强大气质量监测，改善环境状况，使用清洁能源，积极植树、造林、种草等，以保护空气。

讨　论

结合图 2-8 讨论下述问题：

1. 在你身边发生过哪些污染空气的现象？

2. 大气污染会造成哪些危害？

3. 为了保护人类赖以生存的空气，你能做些什么？

空气质量日报、预报

空气质量日报的主要内容包括"空气污染指数""首要污染物""空气质量级别""空气质量状况"等。

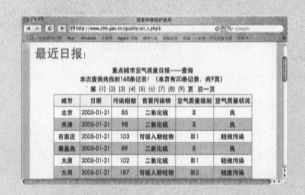

图2-9 空气质量日报

空气污染指数（Air Pollution Index，简称 API）就是将常规监测的几种空气污染物浓度简化成为单一的数值形式，并分级表示空气污染程度和空气质量状况。目前计入空气污染指数的项目暂定为：二氧化硫、一氧化碳、二氧化氮、可吸入颗粒物和臭氧等。不同地区的首要污染物有所不同。

表2-1 空气质量分级标准

污染指数	50 以下	51~100	101~150	151~200	201~250	251~300	300 以上
质量级别	I	II	III（1）	III（2）	IV（1）	IV（2）	V
质量状况	优	良	轻微污染	轻度污染	中度污染	中度重污染	重度污染

空气质量日报是通过新闻媒体向社会发布的环境信息，可以及时准确地反映空气质量状况，增强人们对环境的关注，促进人们对环境保护工作的理解和支持，提高全民的环境意识，促进人们生活质量的提高。

---

① 本书中"资料"供阅读。

化学·技术·社会 ①

绿 色 化 学

传统的化学工业给环境带来的污染已十分严重，目前全世界每年产生的有害废物达 3 亿~4 亿吨，给环境造成危害，并威胁着人类的生存。化学工业能否生产出对环境无害的化学品？甚至开发出不产生废物的工艺？有识之士提出了绿色化学的号召，并立即得到了全世界的积极响应。

绿色化学又称环境友好化学，它的主要特点是：

1. 充分利用资源和能源，采用无毒、无害的原料；

2. 在无毒、无害的条件下进行反应，以减少向环境排放废物；

3. 提高原子的利用率，力图使所有作为原料的原子都被产品所消纳，实现"零排放"；

4. 生产出有利于环境保护、社区安全和人体健康的环境友好的产品。

绿色化学给化学家提出了一项新的挑战，其核心就是要利用化学原理从源头消除污染，国际上对此十分重视。1996年，美国设立了"绿色化学挑战奖"，以表彰那些在绿色化学领域中作出杰出贡献的企业和科学家。绿色化学将使化学工业改变面貌，为子孙后代造福。

学完本课题你应该知道

1. 空气的成分按体积计大约是：氧气 21%、氮气 78%、稀有气体等 1%。

2. 纯净物由一种物质组成；混合物由两种或多种物质组成。氧气、氮气等是纯净物，空气是混合物。

3. 空气是一种宝贵的自然资源，要防止污染空气。

① 本书中的"化学·技术·社会"供阅读。

调查与研究

关心空气质量

1. 通过广播、电视、报纸收集近阶段你所在地区的空气质量日报。

2. 利用收集到的数据，以日期为横坐标，污染指数为纵坐标，作图。

3. 用照片、漫画、短文等记录你身边发生的污染空气的现象。

4. 把活动过程及你对改进大气质量的建议写成小论文，与同学交流，或登录人教网中学化学教育论坛进行交流（网址：http://www.pep.com.cn/czhx/index.htm）。

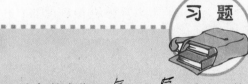

习题

1. 空气的成分以 氧 和 氮 为主，其中按体积计，氮 约占空气体积的78%，氧 约占空气体积的21%。

2. 选择题

(1) 空气中含量较多且化学性质不活泼的气体是（B）。

   A. 氧气　B. 氮气　C. 二氧化碳　D. 水蒸气

(2) 下列物质中，属于纯净物的是（C）。

   A. 洁净的空气　B. 汽水　C. 液态氧　D. 水泥砂浆

(3) 臭氧（O_3）主要分布在离地面10~50 km的高空，它能吸收大部分紫外线，保护地球生物。臭氧属于（A）。

   A. 纯净物　　B. 混合物　　C. 氧气　　D. 稀有气体

(4) 下列关于稀有气体的叙述中，错误的是（D）。

   A. 曾被称为惰性气体　　　　　B. 都是无色、无味气体

   C. 都不能与其他物质发生化学反应　D. 稀有气体有广泛的用途

3. 列举4种存在于空气中的纯净物。

4. 利用家中的常用物品设计一个证明空气存在的小实验，简述步骤和方法。

5. 你去过城镇繁杂的街道或农村广阔的田野吗？在这两处的感受是不是一样？这两处的主要不同点是什么？

6. 你如何认识"空气是一种宝贵的资源"？

课题 2 氧 气

在标准状况下，氧气的密度是 1.429 g/L 比空气的密度（1.293 g/L）略大。它不易溶于水，在室温下，1 L 水中只能溶解约 30 mL 氧气。在压强为 101 kPa 时，氧气在–183 ℃ 时变为淡蓝色液体，在–218 ℃ 时变成淡蓝色雪花状的固体。

工业生产的氧气，一般加压贮存在钢瓶中。

【实验 2-2】 把带有火星的木条伸到盛有氧气的集气瓶中，观察木条是否复燃。

带有火星的木条在氧气中能够复燃，说明氧气能支持燃烧。

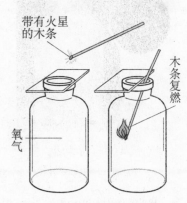

图 2-10 氧气可以使带有火星的木条复燃

【实验 2-3】[①] 在燃烧匙里放少量硫，加热，直到发生燃烧，观察硫在空气里燃烧时发生的现象。然后把盛有燃着的硫的燃烧匙伸进充满氧气的集气瓶里，再观察硫在氧气里燃烧时发生的现象（图 2-11）。比较硫在空气里和在氧气里燃烧有什么不同。

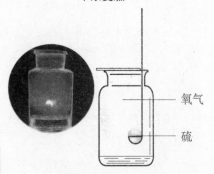

硫在空气里燃烧的现象	硫在氧气里燃烧的现象

图 2-11 硫在氧气里燃烧

讨 论

木炭和硫分别在空气里燃烧和在氧气里燃烧的现象不同，这说明了什么？

图 2-12 木炭在空气和氧气中燃烧的现象

硫跟氧气发生化学反应，生成了一种带有刺激性气味的二氧化硫（SO_2）气体，并放出热量。这个反应可以表示如下：

$$硫 + 氧气 \xrightarrow{\text{点燃}} 二氧化硫$$

---

① 本实验由教师演示，应在通风橱中进行。

【实验2-4】 把光亮的细铁丝盘成螺旋状，下端系一根火柴，点燃火柴，待
火柴快燃尽时，插入充满氧气的集气瓶中（集气瓶
底部要先放一些水，如图2-13），观察现象。

图2-13 铁丝在空气中红热，在氧气
中燃烧，生成四氧化三铁

我们知道，在空气中加热铁丝时，铁丝只能
发生红热现象，不能燃烧。但在上述实验中，细
铁丝在氧气里剧烈燃烧，火星四射，反应生成四
氧化三铁（Fe_3O_4）。这个反应可以表示如下：

$$铁 + 氧气 \xrightarrow{\text{点燃}} 四氧化三铁$$

通过以上几个实验，我们可以看出，可燃物
在氧气里燃烧比在空气里燃烧要剧烈。例如，硫
在空气里燃烧发出微弱的淡蓝色火焰，而在氧气里燃烧得更旺，发出蓝紫色火
焰。又如，某些在空气里不能燃烧的物质却可以在氧气中燃烧。这说明氧气的
化学性质比较活泼，同时也说明，物质在空气中燃烧，实际上是与其中的氧气
发生反应，由于空气中的氧气含量相对较少，因此在空气中燃烧不如在氧气中
剧烈。

讨 论

1. 分析实验2-1、2-3和2-4，填写下表中的空白。

实验编号	反应前的物质	反应后生成的物质	反应的文字表达式
实验2-1			
实验2-3			
实验2-4			

2. 上述三个反应有什么共同的特征？

通过实验和讨论，我们发现氧气与磷、硫、铁的反应有一个共同特点：它
们都是由两种物质起反应，生成另一种物质。我们把由两种或两种以上物质生
成另一种物质的反应，叫做化合反应。

这三个反应还有另一个共同特点：它们都是物质与氧发生的反应。这类反
应属于氧化反应。氧气在氧化反应中提供氧，它具有氧化性。

物质在氧气中燃烧是较剧烈的氧化反应，但并不是所有的氧化反应都像燃烧那样剧烈并发光、放热。有些氧化反应进行得很慢，甚至不容易被察觉，这种氧化叫做缓慢氧化。在生活中，缓慢氧化的例子很多，如动植物的呼吸、食物的腐烂、酒和醋的酿造、农家肥料的腐熟等都包含物质的缓慢氧化。

 学完本课题你应该知道

1. 氧气的化学性质比较活泼，能支持燃烧，在高温时能与磷、硫、铁等反应。

2. 由两种或两种以上的物质生成另一种物质的反应，叫做化合反应。物质与氧发生的反应叫做氧化反应。

 习 题

1. 试描述氧气的性质及用途。

2. 举例说明氧气的化学性质比氮气的化学性质活泼。

3. 用什么简单的方法检验一瓶无色气体是氧气？

4. 分别写出硫、红磷、铁丝在氧气中燃烧的文字表达式。

5. 选择题

(1) 下列关于氧气性质的描述，错误的是（　　）。

　　A. 在通常状况下，氧气是一种无色、无味的气体

　　B. 氧气在低温、高压时能变为液体或固体

　　C. 氧气极易溶于水

　　D. 氧气是一种化学性质比较活泼的气体

(2) 下列说法中正确的是（　　）。

　　A. 木炭燃烧后生成黑色固体

　　B. 铁丝伸入盛有氧气的集气瓶中剧烈燃烧

　　C. 红磷在空气中不能燃烧

　　D. 硫燃烧后生成有刺激性气味的气体

(3) 物质的下列性质中,属于化学性质的是 (　　)。

　A.颜色、状态　　B.密度、硬度　　C.氧化性、可燃性　　D.熔点、沸点

(4) 已知下列四个反应在一定条件下都能发生,其中属于化合反应的是 (　　)。

　A.水——→氢气+氧气　　　　　　　B.氢气+氧气——→水

　C.酒精+氧气——→水+二氧化碳　　D.木炭+氧气——→二氧化碳

6. 你家用什么燃料烧水做饭? 燃烧过程中你能观察到什么现象? 燃料燃烧是不是化学变化? 为什么?

课题 3　制取氧气

在实验室里,常采用分解过氧化氢溶液、加热氯酸钾或加热高锰酸钾的方法制取氧气。

【实验 2-5】　(1) 在试管中加入 5 mL 5%的过氧化氢溶液,把带火星的木条伸入试管,木条是否复燃?

(2) 向上述试管中加入少量二氧化锰,把带火星的木条伸入试管。观察发生的现象(如图 2-14)。

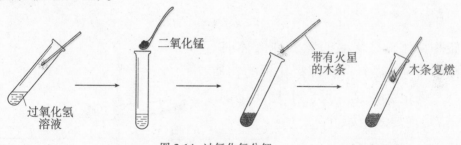

图 2-14　过氧化氢分解

实验编号	现　　　象	原　　　因
(1)		
(2)		

过氧化氢溶液在常温下能缓慢分解成水和氧气。在实验(1) 中,带火星的木条不能复燃,是因为放出的氧气很少。在实验(2)中,木条复燃,是因为过氧化氢溶液中加入少量二氧化锰时分解加速。这一反应可以表示如下:

$$过氧化氢 \xrightarrow{\text{二氧化锰}} 水+氧气$$

【实验 2-6】　待实验 2-5 的试管中没有气泡时,重新加入过氧化氢溶液,观察发生的现象。

以上实验可重复多次，好像二氧化锰永远用不完。如果在实验前用精密的天平称量二氧化锰的质量，实验后把二氧化锰洗净、干燥，再称量，你会发现它的质量没有发生变化。把它再加到过氧化氢溶液中，还可以加速过氧化氢分解。这种在化学反应里能改变其他物质的化学反应速率，而本身的质量和化学性质在反应前后都没有发生变化的物质叫做催化剂（又叫触媒）。催化剂在化学反应中所起的作用叫催化作用。硫酸铜溶液等对过氧化氢的分解也具有催化作用。

催化剂在化工生产中具有重要而广泛的应用，生产化肥、农药、多种化工原料等都要使用催化剂。

除了用过氧化氢分解的方法制取氧气外，在实验室里还常常用加热氯酸钾或加热高锰酸钾的方法制取氧气。

【实验2-7】 把少量氯酸钾和二氧化锰混合（一般按质量比3:1）均匀后装入试管中，用带有导管的塞子塞紧试管。

(1) 加热试管，用排水法收集一瓶氧气（如图2-15）。

(2) 把带有火星的木条伸入集气瓶中，观察有什么现象发生。

实验编号	现　　象	原　　因
(1)		
(2)		

加热混有二氧化锰的氯酸钾固体时，放出氧气，同时还有一种叫氯化钾的物质生成。二氧化锰在这一反应中是催化剂。这个反应可简要表示如下：

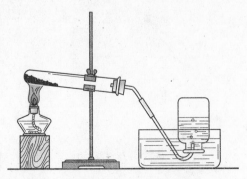

图2-15 加热氯酸钾制取氧气

$$氯酸钾 \xrightarrow[\text{加热}]{\text{二氧化锰}} 氯化钾 + 氧气$$

高锰酸钾是一种暗紫色的固体，它受热时，分解出氧气，同时还有锰酸钾和二氧化锰生成：

$$高锰酸钾 \xrightarrow{\text{加热}} 锰酸钾 + 二氧化锰 + 氧气$$

讨 论

分析上述三个制取氧气的反应，它们有什么共同特征？与化合反应有什么不同？

由一种反应物生成两种或两种以上其他物质的反应，叫做**分解反应**。

在化学学习过程中，常常要用到分类的方法。例如，物质可以分为纯净物和混合物；化学反应可以分为化合反应和分解反应等。利用分类的方法学习化学，可以起到事半功倍的效果，今后我们还将分类学习更多的化学知识。

化学·技术·社会

催化剂的作用

催化剂在化工生产过程中有重要作用，有的反应如果没有催化剂就不能进行，大多数化工生产都有催化剂的参与。例如，在石油炼制过程中，用高效催化剂生产汽油、煤油等；在汽车尾气处理中用催化剂促进有害气体的转化；酿造工业和制药工业都要用酶作催化剂，某些酶制剂还是宝贵的药物。

图2-16 催化剂在化工生产中有重要作用

 活动与探究

1. 制取氧气

讨论：

（1）在图2-15和2-17所示装置中，使用了哪些仪器？

（2）哪部分是气体发生装置，哪部分是气体收集装置？

（3）如何检查气体发生装置的气密性？

（4）为什么可以用排水法收集氧气？

图2-17 加热高锰酸钾制取氧气

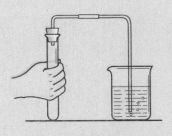

图2-18 检查装置的气密性

实验：

(1) 检查装置的气密性。如图 2-18 所示，用手紧握试管，观察水中的导管口有没有气泡冒出。如果有气泡冒出，说明装置不漏气（为什么?）；如果没有气泡冒出，要仔细找原因，如是否应塞紧或更换橡胶塞，直至不漏气后才能进行实验。

(2) 装置如图 2-17 所示[①]，检查过气密性之后在试管中装入少量高锰酸钾，并在试管口放一团棉花[②]，用带有导管的塞子塞紧管口。把试管口略向下倾斜[③]固定在铁架台上。

(3) 将两个集气瓶分别盛满水，并用玻璃片盖住瓶口。然后把盛满水的瓶子连同玻璃片一起倒立在盛水的水槽内。

(4) 给试管加热。先使酒精灯火焰在试管下方来回移动，让试管均匀受热，然后对高锰酸钾所在的部位加热。

(5) 导管口开始有气泡放出时，不宜立即收集（为什么?），当气泡连续地并比较均匀地放出时，再把导管口伸入盛满水的集气瓶里。等瓶子里的水排完以后，在水面下用玻璃片盖住瓶口。小心地把瓶子移出水槽，正放在桌子上。用同样的方法再收集一瓶氧气（瓶中留有少量水）。

(6) 停止加热时，先要把导管移出水面，然后再熄灭酒精灯。（如果先熄灭酒精灯，可能会造成什么后果?）

2. 氧气的性质

(1) 如图 2-19所示，用坩埚钳夹取一小块木炭，在酒精灯上加热到发红，插入到上面实验收集到的氧气中（由瓶口向下缓慢插入），观察木炭在氧气里燃烧的现象。燃烧停止后，取出坩埚钳，向集气瓶中加入少量澄清的石灰水，振荡。有什么现象发生？

---

① 连接仪器的方法参见附录Ⅰ。
② 放一团棉花可以防止加热时高锰酸钾粉末进入导管。
③ 有些固体试剂受热时往往会放出水蒸气，试管口向下倾斜可防止冷凝水回流到热的试管底部，炸裂试管。

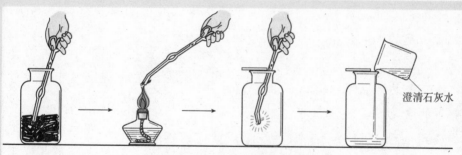

图 2-19 木炭在氧气里燃烧生成什么

现　象	
木炭燃烧反应的文字表达式	

（2）点燃系在螺旋状细铁丝底端的火柴，待火柴快燃尽时，插入盛有氧气的集气瓶中（瓶中预先加少量水）。观察铁丝在氧气中燃烧的现象。

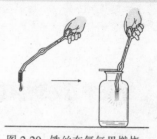

图 2-20 铁丝在氧气里燃烧

现　象	
反应的文字表达式	

小结实验室制取氧气的反应原理、装置以及氧气的性质，并认真写出探究活动报告。

工业上如何大量制取氧气

过氧化氢或高锰酸钾分解制取氧气的方法，具有反应快、操作简便、便于收集等优点，但成本高，无法大量生产，只能用于实验室中。工业生产则需考虑原料是否易得、价格是否便宜、成本是否低廉、能否大量生产以及对环境的影响等。

空气中约含 21% 的氧气，这是制取氧气的廉价、易得的原料。

如何才能把氧气从空气中分离出来呢？我们知道，任何液态物质都有一定的沸点。科学家们正是利用了物质的这一性质，在低温条件下加压，使空气转变为液态，然后蒸发。由于液态氮的沸点是-196 ℃，比液态氧的沸点（-183 ℃）低，因此氮气首先从液态空气中蒸发出来，剩下的主要就是液态氧了。为了便于贮存、运输和使用，通常把氧气加压到 1.5×10⁴ kPa，并贮存在漆成蓝色的钢瓶中。

近年来，膜分离技术得到迅速发展。利用这种技术，在一定压力下，让空气通过具有富集氧气功能的薄膜，可得到含氧量较高的富氧空气。利用这种膜进行多级分离，可以得到含90%以上氧气的富氧空气。

富氧膜的研究在医疗、发酵工业、化学工业、富氧燃烧等方面得到重要应用。

学完本课题你应该知道

1. 在化学反应中，一种反应物生成两种或两种以上其他物质的反应，叫做分解反应。

2. 实验室里可用分解过氧化氢溶液、加热氯酸钾或加热高锰酸钾的方法制取氧气。

3. 在化学反应里能改变其他物质的化学反应速率，而本身的质量和化学性质在反应前后都没有发生变化的物质叫做催化剂。催化剂在生产中有重要应用。

习 题

1. 写出用过氧化氢溶液或高锰酸钾制取氧气，以及木炭在氧气中燃烧反应的文字表达式，并从反应物和生成物种类的角度比较这三个反应。

2. 选择题

(1) 下列反应属于分解反应的是（ ✓ ）。

A. 硫+氧气 $\xrightarrow{\text{点燃}}$ 二氧化硫　　B. 石蜡+氧气 $\xrightarrow{\text{点燃}}$ 二氧化碳+水

C. 氧化汞 $\xrightarrow{\text{加热}}$ 氧气+汞　　D. 铁+氧气 $\xrightarrow{\text{点燃}}$ 四氧化三铁

(2) 下列说法中不正确的是 (B)。

  A. 在过氧化氢溶液的分解反应中，二氧化锰起催化作用

  B. 氧气的化学性质很活泼，在常温下能与所有物质发生化学反应

  C. 细铁丝在氧气里燃烧时，火星四射，生成黑色固体

  D. 用排水法可以收集不易溶于水的气体

(3) 实验室用高锰酸钾制氧气的实验中，不需要使用的一组仪器是 (A)。

  A. 烧杯、玻璃棒   B. 大试管、集气瓶

  C. 酒精灯、铁架台   D. 导管、单孔塞

(4) 下列有关催化剂的说法正确的是 (D)。

  A. 在化学反应后其质量减小 B. 在化学反应后其化学性质发生了变化

  C. 在化学反应后其质量增加 D. 催化剂能改变化学反应速率

3. 结合"加热高锰酸钾制取氧气"的实验，回答下列问题：

(1) 检查装置的气密性时，如果装置的气密性很好，在导管移出水面之前松开手，会有什么现象发生？

(2) 固定装有高锰酸钾的试管时，为什么试管口要略向下倾斜？

(3) 加热试管时应注意什么？

(4) 停止加热时为什么要先把导管移出水面？

(5) 如果某同学制得的氧气不纯，你认为可能的原因有哪些。

4. 在做"物质在盛有氧气的集气瓶中燃烧"的实验时，常常要在集气瓶里预先加少量水，试推测对不同物质来说，这样做的目的各是什么，是不是可以用少量细沙来代替水？

5. 利用下列所示仪器、药品（及其他必要物品）进行实验并探究。

(1) "把二氧化锰加入装有过氧化氢溶液的试管中"与"把过氧化氢溶液缓缓加入盛有少量二氧化锰的试管中"的实验现象是否相同？哪种方法可以得到平稳的氧气流？

(2) 设计制取氧气和试验其性质的实验方案(下表可供参考，你也可以利用一些其他代用品自行设计其他方案)，征得老师同意后实施你的方案，实验后进行小结。

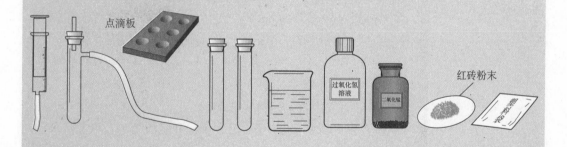

目标	1.寻找新的催化剂	2.制取氧气	3.试验氧气性质
仪器、药品			
方案（可画简图）			
步骤			
结论			

本单元小结

一、氧气

物理性质			
化学性质		1	
		2	
		3	
实验室制法		反应原理	
		实验装置	
		收集方法	
		注意事项	
用途			

二、物质的分类

物质 { 混合物（举例）：＿＿＿＿＿＿＿＿＿＿＿＿＿＿＿＿。

纯净物（举例）：＿＿＿＿＿＿＿＿＿＿＿＿＿＿＿＿。

三、化学反应

1.化学反应的类型 { 化合反应（可表示为 A+B→AB），举例：

＿＿＿＿＿＿＿＿＿＿＿＿＿。

分解反应（可表示为 AB→A+B），举例：

＿＿＿＿＿＿＿＿＿＿＿＿＿。

2.氧化反应，举例：

＿＿＿＿＿＿＿＿＿＿＿＿＿＿＿＿＿＿＿。

四、谈谈你学完本单元的收获。可从"空气是一种宝贵的自然资源""化学的重要性"或"化学学习方法"等主题中任选一个进行小结，也可以自选主题谈收获。

第三单元　自然界的水

水的组成

分子和原子

水的净化

爱护水资源

水（H_2O）是地球上最普通、最常见的物质之一，不仅江河湖海中含有水，各种生物体内也都含有水。

生命的孕育和维系需要水；人类的日常生活和工、农业生产离不开水；水力发电利用的是水；此外，水还能为人类提供水运的航道和宜人的环境。

资料

生物体内都含有水

地球上的生物种类千差万别，但有一共同特点：体内水的质量与生物体总质量的比（亦称质量分数）一般都在60%以上。

成年人	鱼类	水母、藻类	香蕉、生菜等
65%~70%	70%~80%	90%以上	90%以上

课题 1 水的组成

在很长的一段时期内，水曾经被看作是由一种元素组成的。直到18世纪末，在前人探索的基础上拉瓦锡通过对水的生成和分解实验的研究，确认水是由氧元素和氢元素两种元素组成的。

【实验3-1】 如图3-1所示，接通电源，观察电极上和试管内发生的现象。

通电后，电极上出现气泡，一段时间后试管1和试管2中所收集的气体体积比约为1:2。对两支试管中的气体进行检验，试管1中的气体可使带火星的木条复燃（如图3-2），说明是氧气；将试管2中的气体移近火焰时(如图3-3)，气体能够燃烧，火焰呈淡蓝色（如气体量少，可能发出爆

氢气—— ——氧气

水

图 3-1 水的电解实验

鸣声），这是氢气。

氢气是一种无色、无臭、难溶于水的气体，密度比空气的小。氢气在空气中燃烧时，产生淡蓝色火焰；混有一定量空气或氧气的氢气遇明火会发生爆炸。如用图 3-3 所示方法点燃气体时，发出尖锐爆鸣声表明氢气不纯，声音很小则表示氢气较纯。

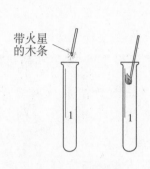

带火星的木条

图 3-2　氧气的检验

Ⅰ.用拇指堵住集满　　Ⅱ.靠近火焰，移
氢气的试管口　　　　开拇指点火

图 3-3　氢气的检验

上述实验中，水在通电的条件下，发生了分解反应，生成氢气和氧气：

$$水 \xrightarrow{\text{通电}} 氢气 + 氧气$$
$$(H_2O) \qquad (H_2) \qquad (O_2)$$

讨　论

1. 在水的电解实验里，有新物质生成吗？水发生了什么变化？
2. 在上述这个变化的前后，参与反应的元素种类有无变化？

从上面的实验和发生的化学反应可以说明，水中含有氢（H）、氧（O）两种元素。这种组成中含有不同种元素的纯净物叫做**化合物**，如二氧化碳（CO_2）、氧化铁（Fe_2O_3）和高锰酸钾（$KMnO_4$）都是化合物。由两种元素组成的化合物中，其中一种元素是氧元素的叫做氧化物，如二氧化碳（CO_2）、氧化铁（Fe_2O_3）、五氧化二磷（P_2O_5）和水（H_2O）都是氧化物。由同种元素组成的纯净物叫做**单质**，如氢气（H_2）、氮气（N_2）和氧气（O_2）都是单质。

在水的分解反应中，有新物质氢气和氧气生成，但反应前后参与反应的元素种类没有变化。

水的组成揭秘

18世纪末，英国科学家普利斯特里①把"易燃空气"和空气混合后盛在干燥、洁净的玻璃瓶中，当用电火花点火时，发出震耳的爆鸣声，且玻璃瓶内壁上出现了露珠。不久另一位英国科学家卡文迪许②用纯氧代替空气进行上述实验，确认所得露珠是水，并确认大约2份体积的"易燃空气"与1份体积的氧恰好化合成水。

上述实验实际已经揭示出水不是一种元素，可惜两位科学家受当时错误观念的束缚，没能认识这一点，反将其解释为两种气体里都含有水。一年之后，法国科学家拉瓦锡重复了他们的实验，并做了一个相反的实验：让水蒸气通过一根烧红的枪管，得到"易燃空气"。通过分析和归纳，他得出结论：水不是一种元素，而是"易燃空气"和氧的化合物，且将"易燃空气"正式命名为"生成水的元素"（Hydrogen），即氢。

学完本课题你应该知道

1. 水是由氢元素和氧元素组成的。
2. 单质是由同种元素组成的纯净物。
3. 化合物是由不同种元素组成的纯净物。
4. 由两种元素组成的化合物中，其中一种元素是氧元素的叫做氧化物。

---

① 普利斯特里（J. Priestley，1733—1804）
② 卡文迪许（H. Cavendish，1731—1810）

习题

1. 水在自然界以几种状态存在?

2. 试设计实验,证明植物体内含有水。

3. 将下列物质分别按混合物,纯净物;单质,化合物,氧化物分类。
   (1) 空气　　　　　(2) 氧气　　　　(3) 水蒸气　　　(4) 二氧化碳
   (5) 高锰酸钾　　　(6) 铁粉　　　　(7) 氮气　　　　(8) 氧化铁

4. 判断下列叙述是否正确,并说明理由。
   (1) 自然界的物质都是以化合物形式存在的。
   (2) 水是由氢元素和氧元素组成的化合物。
   (3) 冰块与水混合得到混合物。
   (4) 水电解的反应属于分解反应。
   (5) 凡是含氧元素的物质都是氧化物。

课题 2　分子和原子

生活经验告诉我们,盛放在敞口容器中的水,在常温下会逐渐减少;如果受热会减少得更快。

【实验3-2】　如图3-5所示,向盛有水的小烧杯中加入少量品红,静置,观察发生的现象。

为什么敞口容器中的水会逐渐减少?为什么温度越高减少得越快?在静置的水中,品红为什么能扩散?这样的问题在很久以前就引起了一些学者的探究兴趣,他们提出物质都是由不连续的微小粒子

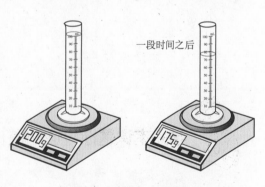

一段时间之后

图3-4　水为什么会减少

图3-5　品红在水中扩散

组成的设想，并用以解释上述这类现象。

科学技术的进步早已证明，物质确实是由微小的粒子——分子、原子等构成的。现在我们通过先进的科学仪器不仅能够直接观察到一些分子和原子，还能移动原子（如图3-6，图3-7）。

分子的质量和体积都很小。例如，1 个水分子的质量约是 3×10^{-26} kg，一滴水（以 20 滴水为1 mL 计）中大约有 1.67×10^{21} 个水分子。

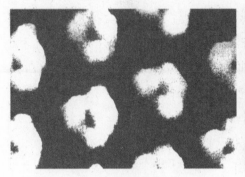

图3-6 用扫描隧道显微镜获得的苯分子的图像

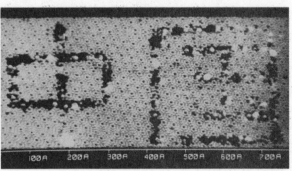

图3-7 通过移走硅原子构成的文字

 活动与探究

向盛有约 40 mL 蒸馏水的烧杯中加入 5~6 滴酚酞溶液，搅拌均匀，观察溶液的颜色。

1.取少量上述溶液置于试管中，向其中慢慢滴加浓氨水，观察溶液颜色有什么变化。

现象	

2.将烧杯中的酚酞溶液分别倒入 A、B 两个小烧杯中，另取一个小烧杯C，加入约 5 mL 浓氨水。用一个大烧杯罩住 A、C 两个小烧杯，烧杯 B 置于大烧杯外（如图3-8）。观察几分钟，有什么现象发生？这一现象说明了什么？

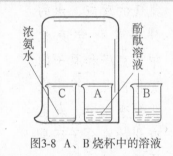

图3-8 A、B 烧杯中的溶液会发生变化吗

	烧杯 A	烧杯 B
现　象		
解　释		

分子总是在不断运动着，氨在空气中的扩散、品红在水中的扩散及水在常温下的挥发等都是分子运动的结果。在受热的情况下，分子能量增大，运动速率加快（如图3-9），这就是水受热蒸发加快的原因。

分子间是有间隔的，相同质量的同一种物质在固态、液态和气态时所占体积不同，就是因为它们分子间的间隔不同的缘故；物体的热胀冷缩现象，就是物质分子间的间隔受热时增大，遇冷时缩小的缘故。

分子是由原子构成的，如1个水分子由1个氧原子和2个氢原子构成；1个氢分子由2个氢原子构成；1个氧分子由2个氧原子构成（如图3-10）。

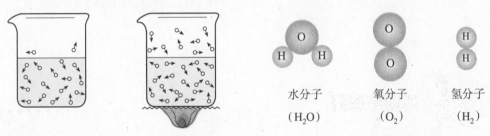

图3-9 不同温度下水分子运动速率不同　　　　图3-10 几种分子的模型

讨　论

1. 从分子的角度看，水的蒸发与水的分解两种变化有什么不同？

2. 氢气在氯气中燃烧生成氯化氢（如图3-11）。试分析在氢气与氯气的反应、水的分解等化学变化中，分子和原子的变化情况，推论在化学变化中，发生变化的是分子还是原子？

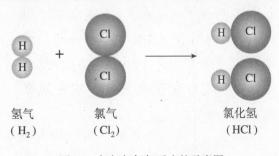

图3-11 氢气与氯气反应的示意图

由分子构成的物质在发生物理变化时，物质的分子本身没有变化。例如，水变成水蒸气时，水分子本身没有变，水的化学性质也没有变；品红溶于水时，品红分子和水分子都没有变，它们的化学性质也都没有变。由分子构成的物质在发生化学变化时，它的分子起了变化，变成了别的物质的分子。例如，水电解时，水分子变成了氢分子和氧分子，不再保持水的化学性质；氢气在氯气中燃烧时，氢分子和氯分子都发生了变化，生成了氯化氢分子，氢气和氯气的性质也不再保持。可见，**分子**是保持物质化学性质的最小粒子。

在化学变化中，分子分成更小的粒子——原子，原子又重新组合成新的分子。例如，在水电解的反应里，水分子分成氢原子和氧原子，每2个氢原子结合成1个氢分子，每2个氧原子结合成1个氧分子（如图3-12）。

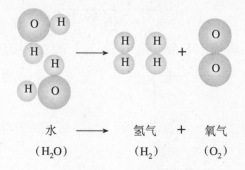

图3-12 水分子分解示意图

再如，加热红色的氧化汞粉末时，氧化汞分子会分解成氧原子和汞原子，每2个氧原子结合成1个氧分子，许多汞原子聚集成金属汞（如图3-13）。

在化学变化中，发生变化的是分子，原子没有发生变化。例如，氧原子无论在水中、氧气中，还是在氧化汞中始终是氧原子。可见原子在化学反应中不能再分成更小的粒子，因此，**原子**是化学变化中的最小粒子。

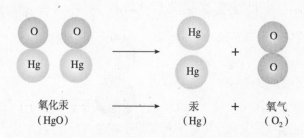

图 3-13 氧化汞分子分解示意图

学完本课题你应该知道

1. 物质是由原子、分子等微小粒子构成的。
2. 分子是保持物质化学性质的最小粒子。
3. 原子是化学变化中的最小粒子；原子可以相互结合形成分子。

家庭小实验

1+1 是否一定等于2

通过实验回答下列问题，并作出合理的解释。

1. 将 1 体积黄豆与 1 体积绿豆混合，所得体积是否等于这两体积之和？

2. 将 100 mL 水与 100 mL 酒精混合，所得体积是否等于 200 mL？

习题

1. 填空题

(1) 物质的分子间有_____，气体容易压缩是因为其分子间的_____，液体、固体不易压缩是因为它们分子间的_____。

(2) 化合物的分子由____种原子构成，单质的分子由____种原子构成。

(3) 在化学反应中，构成反应物分子的____重新组合成新的____。

2. 选择题

(1) 下述说法中正确的是（   ）。

    A. 水电解生成氢气和氧气，说明水中含有氢分子和氧分子

    B. 在水电解的反应中，氢原子和氧原子都没有发生变化

    C. 水的蒸发和水的电解都生成气体，它们都是化学变化

    D. 物质在变化中所表现出的性质，就是物质的化学性质

(2) 在化学反应中，一定发生变化的是（   ）。

A. 原子种类　　　B. 分子种类　　　C.元素种类　　　D. 物质状态

(3) 下列变化属于分解反应的是（　　）。

A. 氢气+氧气 $\xrightarrow{点燃}$ 水

B. 碳+氧气 $\xrightarrow{点燃}$ 二氧化碳

C. 氧化汞 $\xrightarrow{加热}$ 汞+氧气

D. 高锰酸钾 $\xrightarrow{加热}$ 锰酸钾+二氧化锰+氧气

3. 从分子的角度分析并解释下列问题：

(1) 混合物与纯净物有什么不同？

(2) 为什么墙内开花墙外可嗅到花香？

(3) 湿衣服在阳光下和通风处比在阴凉、背风处易于晾干。

(4) 香水、汽油为什么要密闭保存？

(5) 水蒸发后，化学性质没有变。

(6) 25 m³ 的石油气在加压的情况下可装入容积为 0.024 m³ 的钢瓶中。

4. 判断下列叙述是否正确，并说明理由。

(1) 同种物质的分子性质相同，不同种物质的分子性质不同。

(2) 同种原子可以结合成分子，不同种原子不能结合成分子。

(3) 空气是由空气分子组成的。

(4) 空气中的氮气、氧气经混合，它们的化学性质都已改变。

(5) 空气里氮气、氧气等分子均匀地混合在一起。

5. 试列举一些生活中或自然界中的事例，说明物质是由分子、原子等微小粒子构成的。

课题 3　水的净化

纯水是无色、无臭、清澈透明的。而自然界中的河水、湖水、井水、海水等天然水里由于含有许多可溶性和不溶性杂质，因此常呈浑浊（如图 3-14）。

城市中的生活用水是经自来水厂净化处理过的。而在某些乡村，则利用明矾溶于水后生成的胶状物对杂质的吸附，使杂质沉降来达到净水的目的。

图3-14 自然界的水

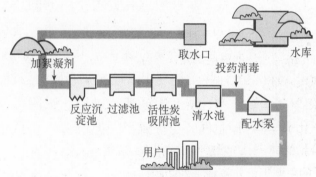

图3-15 自来水厂净水过程示意图

活动与探究

取 3 个烧杯,各盛大半烧杯浑浊的天然水(湖水、河水或井水等),向其中 2 个烧杯中各加入 3 药匙明矾粉末,搅拌溶解后,静置,观察现象。

再取一张圆形滤纸,如图 3-16 所示折好并放入漏斗,使之紧贴漏斗壁,并使滤纸边缘略低于漏斗口,用少量水润湿滤纸并使滤纸与漏斗壁之间不要有气泡。

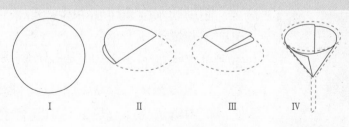

I   II   III   IV

图3-16 过滤器的准备

如图 3-17 所示,架好漏斗,使漏斗下端管口紧靠烧杯内壁,以使滤液沿烧杯壁流下。

取上面处理过的一杯液体,沿玻璃棒慢慢向漏斗中倾倒,注意液面始终要低于滤纸的边缘。

比较未经处理的天然水和做了不同程度处理的水,它们的清澈程度有什么差别?

可以利用什么物品代替实验室中的滤纸和漏斗来过滤液体?

图3-17 过滤液体

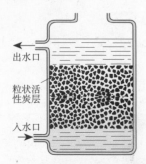

出水口

粒状活性炭层

入水口

图3-18　活性炭净水器示意图

图 3-19　用肥皂水区分软水（左）和硬水（右）

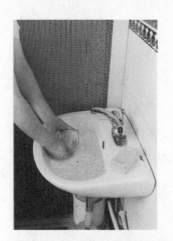

图 3-20　肥皂遇到硬水易起浮渣

如果用具有吸附作用的固体过滤液体，不仅可以滤去其中的不溶性物质，还可以吸附掉一些溶解的杂质，除去臭味。市场上出售的净水器，有些就是利用活性炭来吸附、过滤水中的杂质的。

经上述沉淀、过滤、吸附等净化处理后，浑浊的水变澄清了，但所得水仍然不是纯水。我们除去的主要是水中的不溶性杂质，水中还有许多溶解的杂质。例如，有些地区的水很容易使水壶或盛水的器具上结水垢，就是因为该地区的水中溶有较多的可溶性钙和镁的化合物，在水加热或长久放置时，这些化合物会生成沉淀（水垢）。含有较多可溶性钙、镁化合物的水叫做硬水，不含或含较少可溶性钙、镁化合物的水叫做软水。

【实验3-3】　把等量的肥皂水分别滴加到盛有等量的软水、硬水的烧杯中，搅拌，观察两烧杯中产生泡沫的情况（如图3-19）。

利用上述实验可以检验硬水和软水。

使用硬水会给生活和生产带来许多麻烦，如用硬水洗涤衣物，既浪费肥皂也洗不净衣物，时间长了还会使衣物变硬；锅炉用水硬度高了十分危险，因为锅炉内结垢后不仅浪费燃料，而且会使锅炉内管道局部过热，易引起管道变形或损坏，严重时还可能引起爆炸。

设法除去硬水中的钙、镁化合物，可以使硬水软化成软水。工业上和科学实验中软化硬水的方法很多，生活中通过煮沸水也可以降低水的硬度。

实验室常备的蒸馏水是净化程度较高的水，一般由工业生产提供。在实验室里也可以制取蒸馏水。

【实验3-4】　在烧瓶中加入约 1/3 体积的硬水，再加入几粒沸石（或碎瓷片）以防加热时出现暴沸。按图 3-22 所示连接好装置，使各连接部位严密不漏气。加热烧瓶，注意不要使液体沸腾得太剧烈，以防液体通过导管直接流到试管里。弃去开始馏出的部分液体，收集到 10 mL 左右蒸馏水后，停止加热。用肥皂水比较水蒸馏前后的硬度变化。

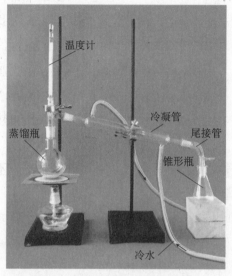

图3-21 实验室制取蒸馏水的装置

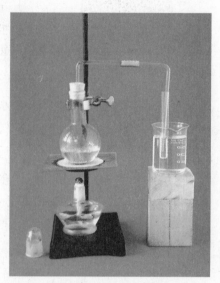

图3-22 制取蒸馏水的简易装置

学完本课题你应该知道

1. 自然界的水都不是纯水，通过多种途径可以使水得到不同程度的净化。
2. 硬水易生水垢、与肥皂作用不易起泡沫；硬水可以软化为软水。
3. 利用吸附、沉淀、过滤和蒸馏等方法可以净化水。

家庭小实验

自制简易净水器

取一个空塑料饮料瓶，剪去底部，瓶口用带导管的单孔胶塞塞紧，将瓶子倒置，瓶内由下向上分层放置洗净的膨松棉、纱布、活性炭等（如图3-23），就得到一简易净水器。试验它的净化效果。

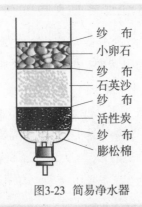

纱　布
小卵石
纱　布
石英沙
纱　布
活性炭
纱　布
膨松棉

图3-23　简易净水器

习 题

1. 填空题

(1) 明矾可用于净水，是因为明矾溶于水生成的胶状物可以＿＿＿＿悬浮于水中的杂质，使之从水中＿＿＿＿出来。

(2) 易生水垢的水中含可溶性钙、镁化合物较多，叫＿＿＿＿水，这种水可以通过物理或化学方法转化成含可溶性钙、镁化合物较少的＿＿＿水。

(3) 对于静置沉淀、吸附沉淀、过滤、蒸馏等净化水的操作，单一操作相对净化程度由低到高的顺序是＿＿＿＿＿＿＿；可以降低水的硬度的是＿＿＿；综合运用上述＿＿＿项操作净水效果更好，其先后顺序是＿＿＿＿＿＿。

2. 下列关于过滤操作的叙述不正确的是 (　　　)。

　　A. 滤纸的边缘要低于漏斗口

　　B. 液面不要低于滤纸的边缘

　　C. 玻璃棒要靠在三层滤纸的一边

　　D. 漏斗下端的管口要紧靠烧杯的内壁

3. 自然界中的水为什么都不是纯水？

4. 在生活中你见过 (或使用过) 哪些净化水的方法？

5. 搜集并分析下述有关资料中的一种或几种，从卫生、健康的角度对如何正确选择饮用水 (自来水、矿泉水、纯净水、蒸馏水……) 提出自己的看法或建议。

(1) 市场上供应的各种饮用水 (矿泉水、纯净水等)、饮水机的说明书、广告宣传品。

(2) 报纸、杂志上有关饮用水卫生、健康的论述。

(3) 不同地区一般饮用水来源 (地下水、河水等) 和水质情况；以及自来水的给水方式 (水塔直接给水或水箱给水等)。

课题4 爱护水资源

一、人类拥有的水资源

地球上海洋水、湖泊水、河流水、地下水、大气水和生物水等各种形态的水总储量约为 $1.39×10^{18}$ m³，地球表面约71%被水覆盖着。

图3-24 地球表面约71%被水覆盖着

海洋是地球上最大的储水库，其储水量约占全球总储水量的96.5%。浩瀚的海洋不仅繁衍着无数水生生物，还蕴藏着丰富的化学资源，按目前测定，海水中含有的化学元素有80多种。

我国渤、黄、东、南海海水所含主要化学元素

元素名称	元素总量/t	元素名称	元素总量/t	元素名称	元素总量/t
氧	$3.35×10^{15}$	钾	$0.1×10^{13}$	铜	$1.1×10^{7}$
氢	$0.4×10^{15}$	溴	$2.5×10^{11}$	镍	$0.8×10^{7}$
氯	$7.2×10^{13}$	氟	$0.5×10^{10}$	铝	$0.8×10^{7}$
钠	$4.0×10^{13}$	磷	$2.7×10^{8}$	锰	$0.8×10^{7}$
镁	$0.5×10^{13}$	碘	$2.3×10^{8}$	钛	$0.4×10^{7}$
硫	$0.3×10^{13}$	铁	$0.4×10^{8}$	银	$1.4×10^{5}$
钙	$0.2×10^{13}$	锡	$1.1×10^{7}$	金	$1.5×10^{4}$

地球上的总水储量虽然很大，但淡水很少，大部分是海水，海水含盐量很高。淡化海水的成本高，目前尚不能推广。陆地储水中也有咸水，淡水只约占

全球水储量的 2.53%，其中大部分还分布在两极和高山的冰雪及永久冻土层中，难以利用；可利用的只约占其中的 30.4%，即 $1.07 \times 10^{16} \ m^3$。

随着社会的发展，一方面人类生活、生产的用水量不断增加，另一方面未经处理的废水、废物和生活污水的任意排放及农药、化肥的不合理施用等造成的水体污染，加剧了可利用水的减少，使原本已紧张的水资源更显短缺。据统计，当今世界上有 80 多个国家、约 20 多亿人口面临淡水危机，其中 26 个国家的 3 亿多人口生活在缺水状态中。

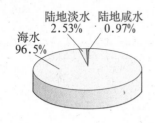

图3-25 全球海水、陆地水储量比

图 3-26 缺水造成土地沙漠化、
树木枯死

我国水资源总量为 $2.8 \times 10^{12} \ m^3$（居世界第六位），但人均水量只有 2 300 m^3 左右，约为世界人均水量的四分之一（居世界第八十几位），许多地区已出现因水资源短缺影响人民生活、制约经济发展的局面。

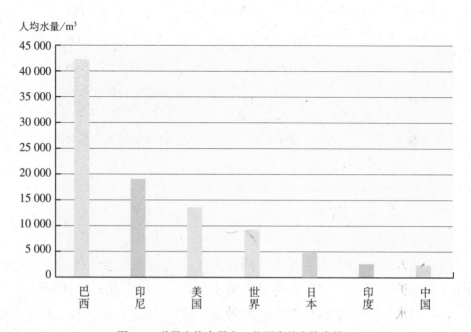

图 3-27 世界人均水量和一些国家的人均水量

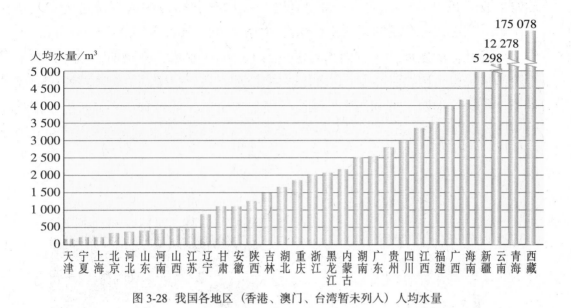

图 3-28 我国各地区（香港、澳门、台湾暂未列入）人均水量

水资源紧缺指标

紧缺性	人均水量/(m³·a⁻¹)　（a，年的符号）	主要问题
轻度缺水	1 700~3 000	局部地区、个别时段出现用水问题
中度缺水	1 000~1 700	将出现周期性和规律性用水紧张
重度缺水	500~1 000	将经受持续性缺水，经济发展受到制约，人体受影响
极度缺水	<500	将经受极其严重的缺水

二、爱护水资源

　　水是人及一切生物生存所必需的，为了人类和社会经济的可持续发展，我们必须爱护水资源，一方面要节约用水，另一方面要防止水体污染。

　　节约水资源就要提高水的利用效益。使用新技术、改革工艺和改变习惯可以减少大量工农业和生活用水。

表 3-1 生活用水浪费与节约方式比较

用水方式	浪费方式用水量	节约方式用水量
刷 牙	不间断放水,30 s 约 6 L	口杯接水,3 杯约 0.6 L
洗 衣	不间断地边注水边冲淋、排水的洗衣机,165 L/次	分段注水、洗涤、脱水的洗衣机,110 L/次
冲厕所	旧式马桶,13 L/次	节水型马桶,6~9 L/次

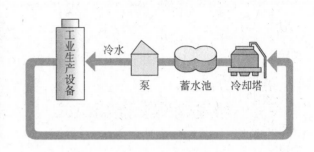

图 3-29 喷灌

农业和园林浇灌改大水漫灌为喷灌、滴灌,分别可节水 40% 和 70% 以上

图 3-30 工业用水重复利用示意图

如果全国工业用水平均重复利用率从 20% 提高到 40%,每天可节水 1.3×10^7 t

　　水体污染是指大量污染物质排入水体,超过水体的自净能力[①]使水质恶化,水体及其周围的生态平衡遭到破坏,对人类健康、生活和生产活动等造成损失和威胁的情况。水体污染的来源主要有工业污染、农业污染和生活污染。

　　水体污染,不仅影响工农业、渔业生产,破坏水生生态系统,还会直接危害人体健康。因此必须采取各种措施,预防和治理水污染,保护和改善水质。如工业上,通过应用新技术、新工艺减少污染物的产生,同时对污染的水体作处理使之符合排放标准。农业上提倡使用农家肥,合理使用化肥和农药。生活污水也应逐步实现集中处理和排放。

[①] 指受污染的水体在物理、化学和生物作用下逐渐自然净化,水质复原的过程。

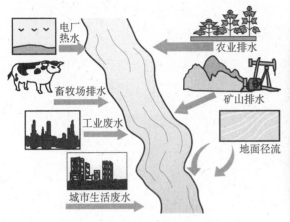

电厂
热水

农业排水

畜牧场排水

矿山排水

工业废水

地面径流

城市生活废水

图3-31 水体污染来源示意图

图3-32 水污染使鱼大量死亡

学完本课题你应该知道

1. 地球上的水储量是丰富的，但可供利用的淡水资源是有限的。

2. 为了人类的生存和发展，人人都应关心水、爱惜水、保护水。

调查与研究

1. 从图书、报纸、杂志、互联网等媒体上搜集有关水污染的知识和情况报道，并按生活污染、工业污染和农业污染作分类整理，与同学进行交流。

2. 家庭用水情况调查

调查你家的用水情况，并根据表1中的打分标准，对表2中所列各项分别打分（可以自行增加、变换调查项目）。得分越高，说明用水越科学、越经济；如得分不够高，应与家人协商、制定改进措施和得分新目标。

表1 调查项目打分标准

项目	1	2	3	4	5	6	7	8	9	10	11	12	
是	1	1	0	1	0	0	0	0	1	0			
不是	0	0	1	0	1	1	1	1	0	1			

表2 家庭用水情况调查项目表

项目	你和你的家人	是	不是	得分
1	洗手、洗脸、刷牙时是不是随时关闭水龙头			
2	洗澡擦肥皂时是不是关上喷头			
3	洗碗、筷时是不是不间断地冲洗			
4	洗菜、淘米、洗衣的水是不是用来浇花、拖地、冲厕所			
5	家中水龙头是不是漏水			
6	庭院绿化或菜园浇灌是不是用皮管漫灌			
7	是不是用流动水为西瓜降温			
8	是不是过量使用洗涤灵、洗衣粉等清洁剂			
9	是不是选用无磷洗衣粉（磷过量会影响水质）			
10	是不是一两件衣服就用洗衣机洗			
11				
12				

3. 将你对有关水的问题的思考、想法（或评论、建议等）写成短文，登录人教网中学化学论坛进行交流。

习 题

1. 据统计，1997年我国总用水量（未包括台湾省）约 5.566×10^{11} m³，其中农业用水 3.920×10^{11} m³，工业用水 1.121×10^{11} m³，生活用水 5.25×10^{10} m³。分别

计算这三项用水量在总用水量中所占百分比，并用图表示。

2. 水是一切生物体的最基本组成成分，人每天都要补充一定量的水以维持体内水分的平衡。一个成年人在下述情况下需要补充多少水？

（1）每天吃含水约 750 mL 的食物，并通过氧化食物产生约 350 mL 的水。

（2）每天以尿、汗、呼气和大便等形式排出体外的水分别约为 1 700 mL、500 mL、400 mL 和 150 mL。

3. 如果一只用坏的水龙头每秒钟漏一滴水，假设平均每 20 滴水为 1 mL，试计算这只坏的水龙头一昼夜漏水的体积。从中你得到什么启示？

4. 最近一个月你家的用水量是多少？设想还有哪些环节可以采取节水措施，提出具体建议并动员全家人共同实施，至下个月再查一下水表，并计算出你家的节水成果。

5. 调查了解你生活周围有哪些水的污染源，提出防止的设想或建议并填写下表（可增加栏目）。

	污 染 源	防 止 建 议
生活中	含磷洗涤剂	少用或不用
生产中		

拓展性课题 [1]

最轻的气体

【实验 3-5】 如图 3-33 所示，球形管里装有碱石灰干燥剂。导管口蘸些肥皂水（或洗涤剂溶液），控制氢气流速，吹出肥皂泡。当肥皂泡吹到一定大时，轻轻摆动导管，让肥皂泡脱离管口。观察现象。

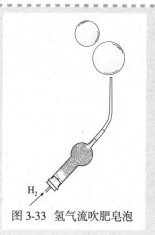

H_2

图 3-33 氢气流吹肥皂泡

---

① 本书中的"拓展性课题"供选学。

图3-34 氢气在空气里燃烧

肥皂泡迅速上升，说明氢气比同体积的空气轻。在标准状况下，1 L氢气的质量是0.089 g，是相同条件下密度最小的气体。

通常状况下，氢气呈气态。在压强为101 kPa、温度为–252 ℃时，氢气呈液态；温度为–259 ℃时则呈雪状固态。

【实验3-6】 在带尖嘴的导管口点燃纯净的氢气，观察火焰的颜色。然后在火焰上方罩一个冷而干燥的烧杯(如图 3-34)，过一会儿，观察烧杯壁上有什么现象发生。

可以看到，纯净的氢气在空气里安静地燃烧，产生淡蓝色的火焰[1]。用烧杯罩在火焰的上方时，烧杯壁上有水珠生成，接触烧杯的手能感到发热。

氢气在空气里燃烧，实际上是氢气跟空气里的氧气发生化合反应，生成水并放出大量的热。

$$氢气 + 氧气 \xrightarrow{点燃} 水$$
$$(H_2) \quad (O_2) \quad\quad (H_2O)$$

氢气燃烧时放出的热量约为同质量汽油的三倍，可用作火箭、宇宙飞船的燃料。由于氢气燃烧后的产物是不污染环境的水，而且又可以不断地以水为原料制取，是理想的可再生能源。

如果氢气不纯，混有空气（或氧气），点燃时会怎样呢？

【实验3-7】 取一个去盖、底部钻有小孔的塑料筒，用纸团堵住小孔，用排水法集满一筒氢气，倒置时筒下垫木条使筒的下边缘一端稍稍抬起（如图 3-35，Ⅰ），拿掉堵小孔的纸团，用燃着的木条在小孔处点火，注意观察有什么现象发生（人要离远些，注意安全）。

可以看到，刚点燃时，氢气安静地燃烧（如图 3-35，Ⅱ），过一会儿，随着"砰"的爆炸声响，塑料筒被爆炸的气浪高高掀起（如图 3-35，Ⅲ）。

实验测定，空气里如果混入氢气的体积达到总体积的 4.0%~74.2%，点燃时就会发生爆炸。这个范围叫做氢气的爆炸极限。实际上，任何可燃气体或可燃的粉尘（如煤粉、面粉）如果跟空气充分混合，遇火时

---

[1] 氢气在玻璃导管口燃烧时，火焰常略带黄色。

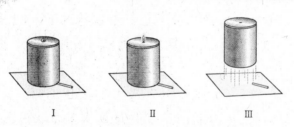

图 3-35 氢气的燃烧及氢气与空气混合气的爆炸

都有可能发生爆炸。因此，当可燃性气体（如氢气、液化石油气、煤气、天然气等）发生泄漏时，应杜绝一切火源、火星，以防发生爆炸。

正是由于这个原因，我们在使用氢气时，要特别注意安全。**点燃氢气前，一定要检验氢气的纯度。**

氢气不仅是高能燃料，也可用作制盐酸、合成氨等化工生产的原料，还可以利用氢气与金属氧化物（如三氧化钨）、硅化合物（如四氯化硅）的反应来制取金属和单晶硅。

制备单晶硅

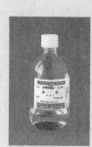
制盐酸

高能燃料

合成氨

图3-36 氢气的用途

本单元小结

一、化学基本概念

1.填写下表

	涵义或特征	举　例
原子		
分子		
单质		
化合物		

2.有关概念之间的联系

$$原子 \xrightarrow{相互结合} 分子 \begin{cases} 单质分子（由同种元素的原子构成） \\ 化合物分子（由不同种元素的原子构成） \end{cases}$$

$$物质 \begin{cases} 混合物 \\ 纯净物 \begin{cases} 单质 \\ 化合物 \end{cases} \end{cases}$$

二、水

1.水的组成：水由_____和_____两种元素组成，每一个水分子中含_____和_____。

2.天然水都不是纯净水，通过_____等方法可以使水不同程度地得到净化。

3.说地球上水资源丰富，是因为_____；说水资源宝贵，是因为_____。爱护水资源主要从_____和_____两方面采取措施。

第四单元　物质构成的奥秘

物质是由原子、分子等粒子构成的。你可能要问：原子是不是简单的、不可分割的实心球体？它们的质量有多大？等等。为了搞清这些问题，我们在本单元将进一步探索物质构成的奥秘。

课题 1 原子的构成

一、原子的构成

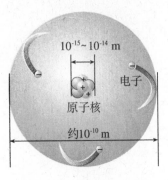

图 4-1 原子的构成示意图

原子是化学变化中的最小粒子，但它们不是一个个简单的、不可分割的实心球体，而是由居于原子中心的带正电的原子核和核外带负电的电子构成的。原子核也不是简单的、不可分割的，它由质子和中子两种粒子构成。构成原子的粒子的电性和质量见表 4-1。

⚠ **表4-1 构成原子的粒子的电性和质量**

粒子种类	电 性	质 量
质子	1个单位正电荷	$1.672\ 6\times10^{-27}$ kg
中子	不带电	$1.674\ 9\times10^{-27}$ kg
电子	1个单位负电荷	质子质量的 1/1 836

由于核内的质子带一个单位正电荷，原子核带正电，带的正电荷数（即核电荷数）与核外的电子数相等，所以原子不显电性。不同种类的原子，核内的质子数不同，核外的电子数也不同。表 4-2 列出了几种原子的构成。

表 4-2 几种原子的构成

原子种类	质子数	中子数	核外电子数
氢	1	0	1
碳	6	6	6
氧	8	8	8
钠	11	12	11
氯	17	18	17

原子很小，一个原子跟一个乒乓球体积之比，相当于乒乓球跟地球体积之比（如图4-2）。原子核比原子又小得多，如果把原子比作一个庞大的体育场，而原子核只相当于一只蚂蚁。因此，原子里有很大的空间，电子就在这个空间里作高速的运动。

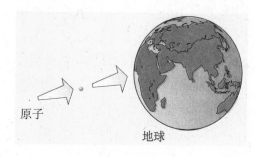

图4-2 原子的体积很小

二、相对原子质量

原子的质量又该怎样衡量？

不同的原子所含的质子、中子、电子数目不同，所以它们的质量不同，如1个氢原子质量为 $1.67×10^{-27}$ kg，1个氧原子质量为 $2.657×10^{-26}$ kg。由于原子质量数值太小，书写和使用都不方便，所以采用相对质量。以一种碳原子[①]质量的1/12为标准，其他原子的质量跟它相比较所得到的比，作为这种原子的相对原子质量（符号为 A_r）。根据这个标准，氢的相对原子质量约为1，氧的相对原子质量约为16。

跟质子、中子相比，电子质量很小，所以，原子的质量主要集中在原子核上。质子和中子的质量跟相对原子质量标准相比较，均约等于1。

精确的相对原子质量有效数字可高达八位，一般的化学计算多采用它的近似值，见表4-3。相对原子质量可从书后附录Ⅱ中查到。

我国科学院院士张青莲教授为相对原子质量的测定作出了卓越贡献。他于1983年当选为国际原子量委员会委员。他主持测定了铟、铱、锑、铈、铕、锗、锌、镝几种元素的相对原子质量新值，被国际原子量委员会采用为国际新标准。

图4-3 张青莲
（1908—2006）

① 这种碳原子叫做碳12，是含有6个质子和6个中子的碳原子，它的质量的1/12等于 $1.66×10^{-27}$ kg。

学完本课题你应该知道

1. 原子的构成

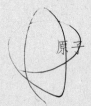

原子 { 核外电子 每个电子带1个单位负电荷

原子核 { 质子 每个质子带 1 个单位正电荷

中子 不显电性

核电荷数＝质子数＝核外电子数

2. 以一种碳原子的质量的 1/12 作为标准,其他原子的质量跟它相比较所得的比,就是这种原子的相对原子质量。

习 题

1. 选择题

(1) 原子核( )。

A. 由电子和质子构成

B. 由质子和中子构成

C. 由电子和中子构成

D. 由质子、中子和电子构成

(2) 在原子里质子数等于( )。

A. 中子数　　　　　B. 电子数

C. 中子数和电子数之和　D. 中子数和电子数之差

(3) 碳的相对原子质量是( )。

A. 12 g　　B. 12　　C. 1.66×10⁻²⁷ kg　　D. 1/12 g

2. 以氧原子为例,说明构成原子的粒子有哪几种。它们是怎样构成原子的?为什么整个原子不显电性?

3. 从附录 II 中查出氮、氯、钠、铁的相对原子质量 (取 4 位有效数字)。

4. 现有质量相同的钠、镁、铝三块金属,哪一种金属含的原子最多?哪一种金属含的原子最少?为什么?

5. 以"我想象中的原子结构"为题,写一篇科普习作,并与同学交流。

课题2 元 素

一、元素

从前面的学习中我们初步了解了元素的概念，知道它是组成物质的**基本成分**。例如，氢气由氢元素组成，氧气由氧元素组成，水是由氢、氧两种元素组成的。氢气和水中所含的氢元素是相同的；氧气和水中所含的氧元素也相同。学习了原子结构的知识以后，我们又知道，氢分子和水分子中都含有具有**相同质子数**的氢原子。同样，氧分子和水分子中的氧原子也具有相同的质子数。由此我们对元素概念有了进一步的认识：**元素就是**具有相同**核电荷数**（即核内质子数）的一类原子的总称。例如，氧气分子和水分子中都含有氧原子，它们的核电荷数都是8，即核内都含有8个质子，就把它们统称为氧元素。同样，把核电荷数为1的所有的氢原子统称为氢元素，把核电荷数为6的所有的碳原子统称为碳元素，等等。

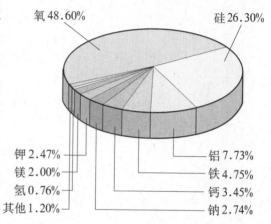

氧48.60%　硅26.30%　铝7.73%　铁4.75%　钙3.45%　钠2.74%　钾2.47%　镁2.00%　氢0.76%　其他1.20%

图4-4 地壳里各种元素的含量(质量分数)

物质的种类非常多，已知的就有3 000多万种。但是组成这些物质的元素并不多。到目前为止，已经发现的元素只有一百余种。

按质量计，各种元素在地壳里的含量差别很大，如图4-4所示。地壳里氧、硅、铝、铁的含量相对较多，而与生物关系密切的氢的含量为0.76%，碳为0.087%，氮为0.03%，相对较少。

讨 论

下述化学反应中：

$$水 \xrightarrow{通电} 氢气 + 氧气$$
$$(H_2O) \qquad (H_2) \quad (O_2)$$

$$硫 + 氧气 \xrightarrow{点燃} 二氧化硫$$
$$(S) \quad (O_2) \qquad (SO_2)$$

反应物跟生成物相比较，分子是否发生了变化？元素是否发生了变化？

生物细胞中的元素

　　不管是来源于动物、植物还是微生物的生物细胞，它的元素组成（元素种类和质量分数）均相近。

元素	质量分数/%	元素	质量分数/%	元素	质量分数/%	元素	质量分数/%
氧	65	氮	3	钾	0.35	镁	0.05
碳	18	钙	1.5	硫	0.25	铜、锌、硒 钼、氟、氯 碘、钴、锰、铁 }	0.70
氢	10	磷	1.0	钠	0.15	其他	微量

活动与探究

　　1. 从生物学或科普书刊中查找几种食品的元素组成，并列表说明。

　　2. 查阅资料，了解地壳中含量较大的几种元素及其存在。

二、元素符号

　　为了书写和学术交流的方便，采用国际统一的符号来表示各种元素（如表4-3）。

图4-5 外国人不认识中文元素名称

历史上，道尔顿曾用图形加字母的方式作为元素符号，如图4-6所示。但由于后来发现的元素越来越多，符号设计越来越复杂，不便于记忆和书写，故未能被广泛采用。最后，国际上统一采用元素拉丁文名称的第一个字母来表示元素，如氢元素的拉丁文名称为 Hydrogenium，元素符

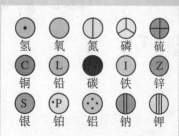

图4-6 道尔顿的元素符号

号就写为 H，氧元素的拉丁文名称为 Oxygenium，元素符号就写为 O。如果几种元素拉丁文名称的第一个字母相同时，就附加一个小写字母来区别。例如用 Cu 表示铜元素，Cl 表示氯元素，Ca 表示钙元素。

表4-3 一些常见元素的名称、符号和相对原子质量

元素名称	元素符号	相对原子质量	元素名称	元素符号	相对原子质量	元素名称	元素符号	相对原子质量
氢	H	1	铝	Al	27	铁	Fe	56
氦	He	4	硅	Si	28	铜	Cu	63.5
碳	C	12	磷	P	31	锌	Zn	65
氮	N	14	硫	S	32	银	Ag	108
氧	O	16	氯	Cl	35.5	钡	Ba	137
氟	F	19	氩	Ar	40	铂	Pt	195
氖	Ne	20	钾	K	39	金	Au	197
钠	Na	23	钙	Ca	40	汞	Hg	201
镁	Mg	24	锰	Mn	55	碘	I	127

图4-7 氧元素符号表示什么

书写元素符号时应注意：

1. 由一个字母表示的元素符号要大写；

2. 由两个字母表示的元素符号，第一个字母大写，第二个字母小写。

元素符号表示一种元素，还表示这

种元素的一个原子。例如，"N"既表示氮元素，又表示氮元素的一个原子。

一周期，2
二周期，8
三周期，8
四五周期，18
七周期，不完全

左氧最外层电子数相同，行为主旋，行为副旋，行为零族，一行为第八旋
路金组二 最外层电子数

元素中文名称造字有规律，从它们的偏旁就可以知道它们属于哪
一类元素：有"钅"字旁的是金属元素，有"石"字旁的是固态非金
属元素，有"气"字头的是气态非金属元素，有"氵"字旁的是液态
非金属元素。只有汞例外，通常状况下它是液态金属元素。

三、元素周期表简介

图4-8 超级市场的商品排列有序

超级市场里有成百上千种商品，为了便于顾客选购，必须分门别类、有序地摆放（如图4-8）。我们周围的物质世界是由100多种元素组成的，为了便于研究元素的性质和用途，也需要寻求它们之间的内在规律性。为此，科学家们根据元素的原子结构和性质，把它们科学有序地排列起来，这样就得到了元素周期表（见附录）。

元素周期表共有7个横行，18个纵行。每一个横行叫做一个周期，每一个纵行叫做一个族（8，9，10三个纵行共同组成一个族）。

为了便于查找，元素周期表按元素原子核电荷数递增的顺序给元素编了号，叫做原子序数。原子序数与元素原子核电荷数在数值上相同。

元素周期表上对金属元素、非金属元素用不同的颜色做了分区，并标上了元素的相对原子质量。

元素周期表是学习和研究化学的重要工具，它的内容十分丰富，目前我们由于知识准备不足，尚不能完全掌握，但仍然可以从表上获得许多知识。

活动与探究

1. 以邻座的同学为一小组，从元素周期表上查找原子序数为6、7、12、14、16、18、20、29、47的元素的名称、符号、核外电子数

和相对原子质量，并指出它们是金属、非金属还是稀有气体元素。每个同学查找几种元素，并互相订正答案。

2. 考察每周期开头的是什么类型的元素，靠近尾部的是什么类型的元素，结尾的是什么类型的元素？这说明元素之间存在着什么规律性的联系？它与"元素周期表"这个名称有没有关系？

学完本课题你应该知道

1. 元素是具有相同核电荷数的一类原子的总称。

2. 每种元素都用一个国际通用的符号来表示，这种符号叫做元素符号。

3. 元素周期表是学习和研究化学的重要工具。

习 题

1. 选择题

(1) 不同种元素最本质的区别是（ A ）。

    A. 质子数不同   B. 中子数不同

    C. 相对原子质量不同   D. 中子数与核外电子数之和不同

(2) 地壳中含量最多的金属元素是（ B ）。

    A. 硅   B. 铁   C. 铝   D. 钙

2. 写出氮、氯、硫、磷、锰、铜、金的元素符号。

3. 写出 He、F、Si、K、Ag、Hg 的元素名称。

4. 将下列写错的元素符号加以改正：

    铜 CU，锌 ZN，银 AG，氯 cl，钙 cA

5. 查阅元素周期表，请写出原子序数为 8 和 53 的元素的符号和名称，以及其他有关的信息。

课题3 离 子

跟原子、分子一样，离子也是构成物质的一种粒子。为了搞清楚什么是离子，它是怎样形成的，先来研究原子核外电子的排布。

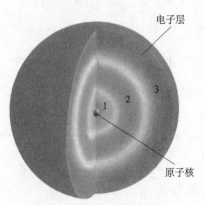

图 4-9 核外电子分层排布示意图

一、核外电子的排布

核外电子的运动有自己的特点，它不像行星绕太阳旋转有固定的轨道，但却有经常出现的区域。科学家把这些区域称为电子层。核外电子是在不同的电子层内运动的，人们又把这种现象叫做核外电子的分层排布。现在发现元素原子核外电子最少的有 1 层，最多的有 7 层。最外层电子数最多不超过 8 个（只有 1 层的不超过 2 个）。

用原子结构示意图可简明、方便地表示原子的结构。小圈和圈内的数字表示原子核和核内质子数，弧线表示电子层，弧线上面的数字表示该层的电子数。

元素的性质与原子核外电子的排布，特别是最外层上的电子数目有密切的关系。

表 4-4 一些元素的原子结构示意图

元素	氢	氧	氖	钠	镁	氯
质子数	1	8	10	11	12	17
原子结构示意图	(+1) 1	(+8) 2 6	(+10) 2 8	(+11) 2 8 1	(+12) 2 8 2	(+17) 2 8 7

稀有气体元素，如氖、氩等，它们的最外层电子都是 8 个（氦为 2 个）。由于它们均不易与其他物质发生化学反应，呈现"化学惰性"，所

以人们认为最外层具有8电子（只有一个电子层的具有2个电子）的结构，属于相对稳定结构。金属元素，如钠、镁、铝等，最外层电子一般少于4个，在化学反应中易失去电子，趋向达到相对稳定结构。非金属元素，如氧、氯、硫、磷等，最外层电子一般多于4个，在化学反应中易得到电子，趋向达到相对稳定结构。

二、离子的形成

在化学反应中，金属元素原子失去最外层电子，非金属元素原子得到电子，从而使参加反应的原子带上电荷。带电荷的原子叫做**离子**[1]。带正电荷的原子叫做阳离子，带负电荷的原子叫做阴离子。阴、阳离子由于静电作用而形成不带电性的化合物。例如，钠与氯气反应，每个钠原子失去1个电子形成钠离子 Na^+，每个氯原子得到1个电子形成氯离子 Cl^- [2]。Na^+ 与 Cl^- 由于静电作用而结合成化合物氯化钠 $NaCl$。像氯化钠这样由阴、阳离子结合成的化合物还有很多。

图4-10 钠与氯气反应形成氯化钠

世界上千千万万种物质都是由原子、分子和离子构成的。

物质与其构成粒子之间的关系如下：

---

[1] 由几个原子形成的集团带有电荷，它们也叫做离子，如 SO_4^{2-}（硫酸根离子）、NO_3^-（硝酸根离子）和 NH_4^+（铵根离子）等。

[2] 元素符号右上角的+、−号表示电性，如 Na^+ 表示钠离子带1个单位正电荷，Cl^- 表示氯离子带1个单位负电荷，Mg^{2+} 表示镁离子带2个单位正电荷。

学完本课题你应该知道

1. 原子核外电子是分层排布的。

2. 原子的结构可以用原子结构示意图表示。

3. 原子的核外电子排布，特别是最外层的电子数目，与元素的化学性质有密切关系。

4. 构成物质的粒子除原子、分子之外，还有离子。离子是由于原子得失电子形成的。

习题

1. 填写下列空白

(1) 右图是某元素的原子结构示意图，该原子的核电荷数为____17____，核外有____3____个电子层，第二层上有____8____个电子，最外层上有____7____个电子，在化学反应中这种原子容易____得____电子。

(2) 金属元素的原子最外层电子数目一般____少于____4个，在化学反应中金属原子一般较易____失去____电子。

(3) 稀有气体元素的原子最外电子层有____8____个电子（氦有____2____个电子）。稀有气体元素旧称为惰性气体元素，它们的化学性质比较____。

(4) 原子失去电子后，就带有____电荷，成为____离子；原子得到电子后，就带有____电荷，成为____离子。当____离子和____离子相互作用形成化合物时，整个化合物就____电性。

2. 美国铱星公司（已破产）原计划发射77颗卫星，以实现全球卫星通讯，其要发射卫星的数目恰好与铱元素（Ir）的原子核外电子数目相等。下列关于铱元素的各种说法中正确的是（　　）。

A. 铱原子的质子数为70　　　B. 铱原子的相对原子质量为77

C. 铱原子的核电荷数为77　　　D. 铱元素为非金属元素

课题4 化学式与化合价

一、化学式

元素符号不仅可以表示元素，还可以用来表示由元素组成的物质，这种用元素符号和数字的组合表示物质组成的式子，叫做化学式[①]。例如前面学过的 O_2、H_2、H_2O、HCl 和 HgO 等化学符号都是化学式，它们分别表示了氧气、氢气、水、氯化氢和氧化汞等物质的组成。

每种纯净物质的组成是固定不变的，所以表示每种物质组成的化学式只有一个。

图 4-11 表示了化学式 H_2O 的各种意义。如果是 2 个水分子，则写成 $2H_2O$。

图 4-11 化学式 H_2O 的意义

讨 论

符号 H、2H、H_2、$2H_2$ 各具有什么意义？

物质的组成是通过实验测定的，因此化学式的书写必须依据实验的结果，除此之外，还可以根据成分元素的化合价来推求元素原子的个数比。

---

① 由分子构成的物质的化学式，又叫分子式。本书只使用化学式，不使用分子式。

在书写某化合物的化学式时，除要知道这种化合物含有哪几种元素及不同元素原子的个数比之外，还应注意以下几点：

1. 当某组成元素原子个数比是 1 时，1 可省略；

2. 氧化物化学式的书写，一般把氧的元素符号写在右方，另一种元素的符号写在左方，如 CO_2。

3. 由金属元素与非金属元素组成的化合物，书写其化学式时，一般把金属的元素符号写在左方，非金属的元素符号写在右方，如 NaCl。

单质化学式的书写如下表所示。

单质种类	书写方式
稀有气体	用元素符号表示，如氦写为 He，氖写为 Ne
金属和固态非金属	习惯上用元素符号表示，如铁写为 Fe，碳写为 C
非金属气体	在元素符号右下角写上表示分子中所含原子数的数字，如 O_2

由两种元素组成的化合物的名称，一般读作某化某，例如 NaCl 读作氯化钠。有时还要读出化学式中各种元素的原子个数，例如 CO_2 读作二氧化碳，Fe_3O_4 读作四氧化三铁。

二、化合价

实验测知，化合物均有固定的组成，即形成化合物的元素有固定的原子个数比，如表 4-5 所示。

表 4-5 一些物质组成元素的原子个数比

物 质	HCl	H_2O	NaCl	Fe_2O_3
原子个数比	1:1	2:1	1:1	2:3

化学上用"化合价"来表示原子之间相互化合的数目。在上述化合物中，规定 H 为 +1 价，O 为 -2 价，而且在化合物中元素化合价的代数和为零，由此可推知：Cl 为 -1 价，Na 为 +1 价，Fe 为 +3 价。

有一些物质，如 $Ca(OH)_2$、$CaCO_3$ 等，它们中的一些原子集团，如 OH、CO_3，常作为一个整体参加反应，这样的原子集团，叫做原子团，又叫做根。根也有化合价，如 OH 为 -1 价。

表4-6 一些常见元素和根的化合价

元素和根的名称	元素和根的符号	常见的化合价	元素和根的名称	元素和根的符号	常见的化合价
钾	K	+1	氯	Cl	−1、+1、+5、+7
钠	Na	+1	溴	Br	−1
银	Ag	+1	氧	O	−2
钙	Ca	+2	硫	S	−2、+4、+6
镁	Mg	+2	碳	C	+2、+4
钡	Ba	+2	硅	Si	+4
铜	Cu	+1、+2	氮	N	−3、+2、+3、+4、+5
铁	Fe	+2、+3	磷	P	−3、+3、+5
铝	Al	+3	氢氧根	OH	−1
锰	Mn	+2、+4、+6、+7	硝酸根	NO₃	−1
锌	Zn	+2	硫酸根	SO₄	−2
氢	H	+1	碳酸根	CO₃	−2
氟	F	−1	铵根	NH₄	+1

为了便于确定化合物中元素的化合价，需要注意以下几点：

1. 化合价有正价和负价。

（1）氧元素通常显−2价。

（2）氢元素通常显+1价。

（3）金属元素跟非金属元素化合时，金属元素显正价，非金属元素显负价。

（4）一些元素在不同物质中可显不同的化合价。

2. 在化合物里正负化合价的代数和为0。

3. 元素的化合价是元素的原子在形成化合物时表现出来的一种性质，因此，在单质分子里，元素的化合价为0。

活动与探究

1. 以小组为单位进行化合价记忆比赛，看谁记得多，记得准。

2. 试着编写能帮助记忆的化合价韵语、歌谣或快板。

应用化合价可以推求实际存在的化合物的化学式。

【例题】已知磷为+5价，氧为–2价，写出磷的这种化合物的化学式。

【解】 （1）写出组成化合物的两种元素的符号，正价的写在左边，负价的写在右边。

$$P \quad O$$

（2）求两种元素正、负化合价绝对值的最小公倍数，

$$5 \times 2 = 10$$

（3）求各元素的原子数，

$$\frac{最小公倍数}{正价数 \text{(或负价数)}} = 原子数$$

$$P：\frac{10}{5} = 2 \qquad\qquad O：\frac{10}{2} = 5$$

（4）把原子数写在各元素符号的右下方，即得化学式：

$$P_2O_5$$

（5）检查化学式，当正价总数与负价总数的代数和等于0时，化学式才算是正确的。

$$(+5) \times 2 + (-2) \times 5 = +10 - 10 = 0$$

答：这种磷的化合物的化学式是 P_2O_5。

 活动与探究

以邻座同学为一小组，对以下题目进行练习，并互相订正。

1. 根据化合物中各元素正负化合价的代数和为0的原则，已知氧为–2价，计算二氧化硫里硫的化合价。

2. 写出溴化钠、氯化钙、氧化铝、二氧化氮的化学式。

3. 读出以下化学式的名称：

MnO_2 CuO SO_3 KI $MgCl_2$

三、有关相对分子质量的计算

化学式中各原子的相对原子质量的总和，就是相对分子质量（符号为 M_r）。

根据化学式可以进行以下各种计算。

1. 计算相对分子质量

O_2 的相对分子质量 $=16×2$
$$=32$$

H_2O 的相对分子质量 $=1×2+16$
$$=18$$

2. 计算物质组成元素的质量比

例如：二氧化碳（CO_2）中碳元素和氧元素的质量比等于
$$12∶（16×2）=3∶8$$

3. 计算物质中某元素的质量分数

物质中某元素的质量分数，就是该元素的质量与组成物质的元素总质量之比。例如计算化肥硝酸铵（NH_4NO_3）中氮元素的质量分数，可先根据化学式计算出 NH_4NO_3 的相对分子质量：

NH_4NO_3 的相对分子质量 $=14+1×4+14+16×3$
$$=80$$

再计算氮元素的质量分数：

$$\frac{N 的相对原子质量×N 的原子数}{NH_4NO_3 的相对分子质量}×100\%$$

$$=\frac{14×2}{80}×100\%=35\%$$

药品、食品等商品的标签或说明书上常常用质量分数来表示物质的成分或纯度。

活动与探究

到实验室查看化学药品的标签，了解药品的成分，以及所含杂质的种类和数量，并对其中三种药品的有关情况作记录。

学完本课题你应该知道

1. 用元素符号表示物质组成的式子叫做化学式。

2. 化学式表示一种物质，表示物质的元素组成，以及组成元素的原子个数比。

3. 化学上用化合价表示元素原子之间相互化合的数目。

4. 应用化合价推求物质化学式的根据是：

(1) 这种化合物确实存在；

(2) 化合物各元素正、负化合价的代数和为 0。

5. 根据化学式可以计算物质的相对分子质量、物质组成元素的质量比以及质量分数。

习题

1. 选择题

(1) $2N_2$ 表示（　　）。

   A. 4个氮原子   B. 2个氮分子

(2) SO_2 的读法是（　　）。

   A. 氧化硫   B. 二氧化硫

(3) 五氧化二氮化学式的写法是（　　）。

   A. 5O2N   B. O_5N_2 C. N_2O_5

(4) 某工地发生多人食物中毒，经化验为误食工业用盐亚硝酸钠（$NaNO_2$）所致。$NaNO_2$ 中氮元素的化合价是（　　）。

   A. +2   B. +3   C. +4   D. +5

(5) 我国推广食用的碘盐是在食盐中加入一定量的碘酸钾（KIO_3）。在碘酸钾中碘元素的质量分数是（　　）。

   A. 59.3%   B. 69.8%   C. 64.1%   D. 68.5%

(6) 维生素C（$C_6H_8O_6$）主要存在于蔬菜、水果中，它能促进人体生长发育，增强人体对疾病的抵抗力，近年来科学家还发现维生素C有防癌作用。下列关于维生素C的说法中错误的是（　　）。

   A. 维生素C中C、H、O三种元素的质量比为3:4:3

B. 1个维生素C分子由6个碳原子、8个氢原子、6个氧原子构成

C. 维生素C的相对分子质量为176

D. 维生素C中氢元素的质量分数为4.5%

2. 用元素符号或化学式填空

(1) 4个二氧化碳分子_____。

(2) 3个钾原子_____。

(3) 8个二氧化氮分子_____。

(4) 7个氮原子_____。

(5) 1个氢分子_____。

3. 下列化合物中，氧为-2价，氯为-1价，判断化合物里其他元素的化合价：SO_2, Na_2O, $CaCl_2$, $AgCl$, WO_3（W的原子序数为74，其名称可从元素周期表中查知）。

4. 计算下列化合物中氮元素的化合价

(1) 一氧化氮（NO）　　　(2) 二氧化氮（NO_2）

(3) 硝酸（HNO_3）　　　(4) 氨（NH_3）

5. 已知下列元素在氧化物中的化合价，写出它们氧化物的化学式（提示：元素符号上方的数字是化合价）。

$\overset{+2}{Ba}$, $\overset{+4}{S}$, $\overset{+2}{C}$, $\overset{+5}{N}$, $\overset{+2}{Mg}$, $\overset{+2}{Ca}$

6. 已知下列元素在氯化物中的化合价，写出它们的氯化物的化学式（提示：在氯化物中氯的化合价是-1）。

$\overset{+1}{K}$, $\overset{+2}{Fe}$, $\overset{+3}{Al}$

7. 计算下列物质的相对分子质量

(1) 氯气（Cl_2）

(2) 硫酸（H_2SO_4）

(3) 氢氧化钙〔$Ca(OH)_2$〕

8. 计算 Al_2O_3 中铝元素和氧元素的质量比。

9. 计算化肥尿素〔$CO(NH_2)_2$〕中氮元素的质量分数。

10. 某地1 000 kg化肥的市场价格如下：$CO(NH_2)_2$ 1 780元，NH_4NO_3 1 360元，NH_4HCO_3（碳酸氢铵）560元。分别用10 000元采购上述化肥，则购得化肥中含氮元素最多的是哪一种？

11. 查看2种药品、2种饮料和2种食品的标签或说明书，记下它们的主要成分和含量。

本单元小结

一、物质的构成

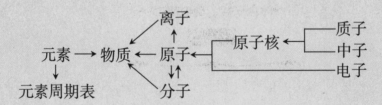

核电荷数＝质子数＝核外电子数

二、物质组成的表示

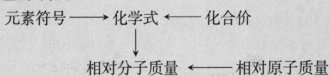

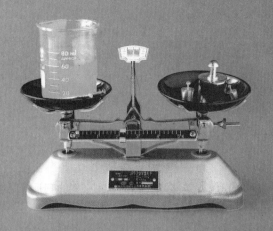

$$Fe+CuSO_4=Cu+FeSO_4$$

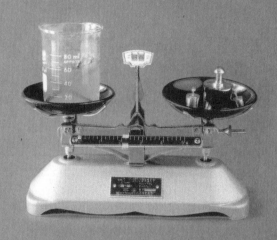

第五单元　化学方程式

质量守恒定律

如何正确书写化学方程式

利用化学方程式的简单计算

课题 1 质量守恒定律

一、质量守恒定律

在一定条件下，反应物之间发生化学反应生成新的物质，如镁条燃烧生成氧化镁，乙醇燃烧生成二氧化碳和水，等等。化学反应前后物质的质量有没有变化呢?

活动与探究

当物质发生化学反应并生成新物质时，反应物的质量总和跟生成物的质量总和相比较，存在什么关系?

根据下列两个实验方案分组进行实验，并将实验结果填入表中。要求针对所选实验方案，观察和探究以下问题，并结合实验条件思考和作出分析：(1) 反应物和生成物的状态及其他变化；(2) 实验中观察到的质量变化情况。

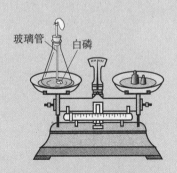

玻璃管 白磷

图5-1 白磷燃烧前后质量的测定

方案一 在底部铺有细沙的锥形瓶中，放入一粒火柴头大的白磷。在锥形瓶口的橡皮塞上安装一根玻璃管，在其上端系牢一个小气球，并使玻璃管下端能与白磷接触。将锥形瓶和玻璃管放在托盘天平①上用砝码平衡。然后，取下锥形瓶。将橡皮塞上的玻璃管放到酒精灯火焰上灼烧至红热后，迅速用橡皮塞将锥形瓶塞紧，并将白磷引燃。待锥形瓶冷却后，重新放到托盘天平上，观察天平是否平衡。

$$磷 + 氧气 \xrightarrow{\text{点燃}} 五氧化二磷$$
$$(P) \quad (O_2) \qquad (P_2O_5)$$

方案二 在100 mL 烧杯中加入30 mL 稀硫酸铜溶液，将几根铁钉用砂纸打磨干净，将盛有硫酸铜溶液的烧杯和铁钉一起放在托盘天平上称量，记录所称的质量m_1。

---

① 如果有条件，可用灵敏度更高的天平进行称量。

　　将铁钉浸到硫酸铜溶液中，观察实验现象。待反应一段时间后溶液颜色改变时，将盛有硫酸铜溶液和铁钉的烧杯放在托盘天平上称量，记录所称的质量m_2。比较反应前后的质量。

图 5-2　铁钉与硫酸铜溶液反应前后质量的测定

铁	+	硫酸铜	→	铜	+	硫酸亚铁
(Fe)		($CuSO_4$)		(Cu)		($FeSO_4$)

实验方案	方案一	方案二
实验现象		
反应前总质量		
反应后总质量		
分析		

　　分析比较两个方案的实验结果，能得到什么结论？

　　无数实验证明，参加化学反应的各物质的质量总和，等于反应后生成的各物质的质量总和。这个规律就叫做质量守恒定律。

资料

1774 年，拉瓦锡用精确的定量实验研究了氧化汞的分解和合成反应中各物质质量之间的变化关系。他将 45.0 份质量的氧化汞加热分解，恰好得到了 41.5 份质量的汞和 3.5 份质量的氧气，于是他认为化学反应中反应物的质量总和与生成物的质量总和是相等的，而且反应前后各元素的质量也保持不变。

图 5-3 氧化汞受热分解

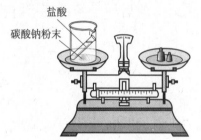

图 5-4 盐酸与碳酸钠粉末反应前后质量的测定

【实验 5-1】 把盛有盐酸的小试管小心地放入装有碳酸钠粉末的小烧杯中，将小烧杯放在托盘天平上用砝码平衡（如图 5-4）。取下小烧杯并将其倾斜，使小试管中的盐酸与小烧杯中的碳酸钠粉末反应。一段时间后，再把小烧杯放在托盘天平上，观察天平是否平衡。

碳酸钠与盐酸的反应可以表示如下：

碳酸钠 ＋ 盐酸 ⟶ 氯化钠 ＋ 二氧化碳 ＋ 水
(Na_2CO_3) (HCl) (NaCl) (CO_2) (H_2O)

【实验 5-2】[1] 取一根用砂纸打磨干净的长镁条和一个石棉网，将它们一起放在托盘天平上称量，记录所称的质量。在石棉网上方将镁条点燃（如图 5-5），观察反应现象。将镁条燃烧后的产物与石棉网一起放在托盘天平上称量，比较反应前后的质量。

图 5-5 镁条燃烧

镁与氧气的反应可以表示如下：

镁 ＋ 氧气 $\xrightarrow{\text{点燃}}$ 氧化镁
(Mg) (O_2) (MgO)

———————————

[1] 本实验应由教师演示。

讨 论

1. 根据上面两个实验，讨论为什么会出现这样的实验结果。

2. 如果在燃着的镁条上方罩上罩，使生成物全部收集起来称量，会出现什么实验结果？

3. 以碳在氧气中燃烧生成二氧化碳为例，从化学反应中分子、原子的变化情况说明化学反应必定符合质量守恒定律。

为什么物质在发生化学反应前后，各物质的质量总和相等呢？这是因为化学反应的过程，就是参加反应的各物质（反应物）的原子，重新组合而生成其他物质（生成物）的过程。在化学反应中，反应前后原子的种类没有改变，数目没有增减，原子的质量也没有改变。

二、化学方程式

学习化学，常常需描述各种物质之间的反应，如何简便地表示化学反应呢？我们知道，木炭在氧气中燃烧生成二氧化碳的反应可以用文字表示为：

碳 ＋ 氧气 —点燃→ 二氧化碳

用文字表示化学反应写起来很麻烦，化学家用化学式等国际通用的化学语言来表示反应物和生成物的组成，以及各物质间的量的关系。如木炭在氧气中燃烧生成二氧化碳的反应可表示为：

$$C + O_2 \xrightarrow{\text{点燃}} CO_2$$

这种用化学式来表示化学反应的式子，叫做化学方程式。这个式子不仅表明了反应物、生成物和反应条件，同时，通过相对分子质量（或相对原子质量）还可以表示各物质之间的质量关系，即各物质之间的质量比。

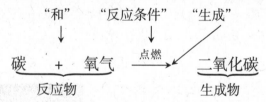

$$C + O_2 \xrightarrow{\text{点燃}} CO_2$$

12 ： 16×2 ： 12+16×2

12 ： 32 ： 44

这就是说：碳与氧气在点燃的条件下生成二氧化碳；每 12 份质量的碳跟 32 份质量的氧气完全反应，生成 44 份质量的二氧化碳。

化学方程式能提供很多有关反应的信息，能将反应中的反应物、生成物及各种粒子的相对数量关系（即化学反应的"质"与"量"的关系）清楚地表示出来。

从物质种类、质量和反应条件等方面考虑，下列反应的化学方程式能提供给你哪些信息？

1. 硫在氧气中燃烧的反应：$S + O_2 \xrightarrow{\text{点燃}} SO_2$
2. 铁与硫酸铜溶液的反应：$Fe + CuSO_4 == Cu + FeSO_4$
3. 粗铜丝表面的氧化铜与氢气在加热条件下反应：

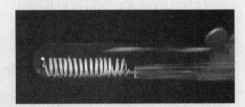

$$CuO + H_2 \xrightarrow{\text{加热}} Cu + H_2O$$

质量守恒定律的发现与发展

18 世纪下半叶，生产的迅速发展推动了科学实验的进展。在化学实验室里有了比较精密的实验仪器，这使化学研究工作发生了质的转变，即从对物质的简单定性研究进入到较精密的定量研究。在该过程中，拉瓦锡做出了重要贡献。拉瓦锡使几种物质发生化学反应，并测定反应前后物质的质量。经过反复实验和分析，都得到相同的结论：

化学方法只能改变物质的成分而不能改变物质的质量。这个结论就是现在的质量守恒定律。要想进一步证明或否定这一结论，需要极精确的实验结果，但在18世纪，实验设备和技术还达不到这种要求。后来，不断有人改进实验技术等，以求能得到更精确的实验结果。20世纪初，德国和英国化学家分别做了精确度极高的实验，反应前后的质量变化小于一千万分之一，这个误差是在实验误差允许范围之内的，从而使质量守恒定律确立在严谨的科学实验的基础上。

随着爱因斯坦相对论和质能关系公式的提出，人们对质量守恒定律的认识又有了新的发展，现时科学家把质量守恒定律和能量守恒定律合二为一，称为质能守恒定律。

 学完本课题你应该知道

1. 质量守恒定律是指参加化学反应的各物质的质量总和，等于反应后生成的各物质的质量总和。

2. 化学反应的过程，就是参加反应的各物质（反应物）的原子重新组合而生成其他物质（生成物）的过程。在化学反应中，反应前后原子的种类没有改变，数目没有增减，原子的质量也没有改变。

3. 化学方程式提供的信息包括：

哪些物质参加反应（反应物）；通过什么条件反应；

反应生成了哪些物质（生成物）；参加反应的各粒子的相对数量；

反应前后质量守恒，等等。

 习 题

1. 选择题

(1) 化学反应前后肯定没有变化的是（   ）。

①原子数目　②分子数目　③元素种类　④物质种类

⑤原子种类　⑥物质的总质量

A. ①④⑥   B. ①③⑤⑥   C. ①②⑥   D. ②③⑤

(2) 现将 10 g A 和足量 B 混合加热，A 和 B 发生化学反应，10 g A 完全反应后生成 8 g C 和 4 g D，则参加反应的 A 与 B 的质量比是（   ）。

A. 1∶1   B. 2∶1   C. 4∶1   D. 5∶1

(3) 根据化学方程式不能获得的信息是（   ）。

A. 该反应中的反应物和生成物   B. 各反应物和生成物的质量比

C. 反应发生所需要的条件   D. 化学反应的快慢

2. 有人说："蜡烛燃烧后质量变小，说明质量守恒定律不是普遍规律。"这种说法对吗？为什么？

3. 根据质量守恒定律解释下列现象：

(1) 镁条在空气中燃烧后，生成物的质量比原来镁条的质量增大。

(2) 纸在空气中燃烧后化为灰烬，灰烬的质量比纸的质量小。

(3) 高锰酸钾受热分解后，剩余固体的质量比原反应物的质量小。

4. 判断下列说法是否正确，并改正错误的说法。

(1) 物质在空气中加热发生反应后，生成物的总质量必定等于反应物的总质量。

(2) 细铁丝在氧气中燃烧后，生成物的质量比细铁丝的质量大，因此这个反应不遵守质量守恒定律。

课题 2 如何正确书写化学方程式

化学方程式反映化学反应的客观事实。因此，书写化学方程式要遵守两个原则：一是必须以客观事实为基础，绝不能凭空臆想、臆造事实上不存在的物质和化学反应；二是要遵守质量守恒定律，等号两边各原子的种类与数目必须相等。

木炭在氧气中燃烧生成二氧化碳的化学方程式：

$$C + O_2 \xrightarrow{\text{点燃}} CO_2$$

C 原子个数：	1	1
O 原子个数：	2	2
原子总个数：	3	3

该化学方程式等号两边的原子种类和数目都相等，这个化学方程式我们称配平了。但并不是所有的化学方程式都这么简单。例如，氢气与氧气反应

生成水：

$$H_2 \quad + \quad O_2 \longrightarrow H_2O$$

H 原子个数：	2		2
O 原子个数：		2	1
原子总个数：		4	3

在这个式子中，右边的氧原子数少于左边的，这时为使式子两边每一种元素原子的总数相等，就需要配平，即在式子两边的化学式前面配上适当的化学计量数。

在 H_2 前配上 2，在 H_2O 前配上 2，式子两边的 H 原子、O 原子数目就都相等了，亦即化学方程式配平了。

$$2H_2 \quad + \quad O_2 \xrightarrow{\text{点燃}} 2H_2O$$

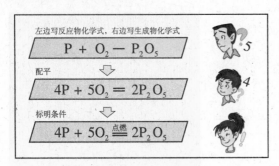

下面以磷在空气中燃烧生成五氧化二磷的反应为例，说明书写化学方程式的具体步骤。

1. 根据实验事实，在式子的左、右两边写出反应物和生成物的化学式，并在式子左、右两边之间画一条短线（或标出一个指向生成物的箭头）。

$$P + O_2 \longrightarrow P_2O_5$$

2. 配平化学方程式[①]，并检查。

$$4P + 5O_2 \longrightarrow 2P_2O_5$$

3. 标明化学反应发生的条件，把短线改成等号。

$$4P + 5O_2 \xrightarrow{\text{点燃}} 2P_2O_5$$

化学反应只有在一定条件下才能发生，因此，需要在化学方程式中注明反应发生的条件。如把点燃、加热（常用"△"号表示）、催化剂等，写在等号的上方。

如果生成物中有气体，在气体物质的化学式右边要注"↑"号；溶液中的反应如果生成物中有固体，在固体物质的化学式右边要注"↓"号。例如：

$$2KMnO_4 \xrightarrow{\triangle} K_2MnO_4 + MnO_2 + O_2\uparrow$$

$$CuSO_4 + 2NaOH = Na_2SO_4 + Cu(OH)_2\downarrow$$

但是，如果反应物和生成物中都有气体，气体生成物就不需注"↑"号。同样，溶液中的反应如果反应物和生成物中都有固体，固体生成物也不需注"↓"号。例如：

$$S + O_2 \xrightarrow{\text{点燃}} SO_2$$

$$Fe + CuSO_4 = Cu + FeSO_4$$

---

① 配平化学方程式的方法很多，在这里使用了比较简单、常用的方法——最小公倍数法。例如，式子左边的氧原子数是2，右边的氧原子数是5，两数的最小公倍数是10。因此，在O_2前面配上5，在P_2O_5前面配上2（$P + 5O_2 \longrightarrow 2P_2O_5$）。式子右边的磷原子数是4，左边的磷原子数是1，因此，要在P的前面配上4。

课堂练习

配平铁在氧气中燃烧生成四氧化三铁的化学方程式。

$$Fe + O_2 \longrightarrow Fe_3O_4$$

学完本课题你应该知道

1. 书写化学方程式要遵守两个原则:一是必须以客观事实为基础,不能凭空臆造事实上不存在的物质和化学反应;二是要遵守质量守恒定律。

2. 书写化学方程式时,在式子左、右两边的化学式前面要配上适当的化学计量数,使得每一种元素的原子总数相等,这个过程就是化学方程式的配平。

习 题

1. 书写下列反应的化学方程式

(1) 水通直流电生成氢气和氧气   (2) 镁带在氧气中燃烧

2. 在 $4P + 5O_2 \xrightarrow{\text{点燃}} 2P_2O_5$ 的反应中,____份质量的磷跟____份质量的氧气反应,生成____份质量的五氧化二磷。

3. 白色固体粉末氯酸钾($KClO_3$),在二氧化锰(MnO_2)作催化剂并加热的条件下能较快地分解生成氯化钾和氧气,试写出该反应的化学方程式。

4. 下列化学方程式书写是否正确?如不正确,说明原因。

(1) 氧化汞加热分解 $HgO \Longrightarrow Hg + O_2\uparrow$

(2) 硫在氧气中燃烧 $S + O_2\uparrow \xrightarrow{\text{点燃}} SO_2$

5. 某纯净物 X 在空气中完全燃烧,反应的化学方程式为:

$X + 3O_2 \xrightarrow{\text{点燃}} 2CO_2 + 2H_2O$,试推出 X 的化学式。

课题3 利用化学方程式的简单计算

研究物质的化学变化，常要涉及量的计算，根据化学方程式的计算就可以从量的方面研究物质的变化。例如，用一定量的原料最多可以生产出多少产品？制备一定量的产品最少需要多少原料？等等。通过这些计算，可以加强生产的计划性，并有利于合理地利用资源。

下面，用实例来说明利用化学方程式进行计算的步骤和方法。

【例题1】加热分解6 g高锰酸钾，可以得到多少克氧气？

【解】 (1) 设未知量　　　　　　设：加热分解6 g高锰酸钾可以得到氧气的质量为x。

(2) 写出反应的化学方程式　　$2KMnO_4 \xrightarrow{\triangle} K_2MnO_4 + MnO_2 + O_2\uparrow$

(3) 写出相关物质的相对分子　　2×158　　　　　　　　32

质量和已知量、未知量　　6 g　　　　　　　　　x

(4) 列出比例式，求解

$$\frac{2\times158}{32} = \frac{6\ g}{x}$$

$$x = \frac{32\times6\ g}{2\times158} = 0.6\ g$$

(5) 简明地写出答案　　　　答：加热分解6 g高锰酸钾，可以得到0.6 g氧气。

在实际运算过程中，还可以再简化些，具体格式可参照例题2。

【例题2】工业上，高温煅烧石灰石（$CaCO_3$）可制得生石灰（CaO）和二氧化碳。如果要制取10 t氧化钙，需要碳酸钙多少吨？

【解】　设：需要碳酸钙的质量为x。

$$CaCO_3 \xrightarrow{\text{高温}} CaO + CO_2\uparrow$$

$40+12+3\times16=100$　　　$40+16=56$

x　　　　　　　　10 t

$$\frac{100}{56} = \frac{x}{10\ t}$$

$$x = \frac{100\times10\ t}{56} = 18\ t$$

答：需要碳酸钙18 t。

需要指出的是，在实际生产和科学研究中，所用原料很多是不纯的，在进行计算时应考虑到杂质问题，这将在第八单元学习。

课堂练习

氢气在氯气中燃烧生成氯化氢气体，燃烧100 g氢气需要氯气多少克？生成氯化氢气体多少克？

学完本课题你应该知道

根据实际参加反应的一种反应物或生成物的质量，可以计算出另一种反应物或生成物的质量。

习题

1. 选择题

(1) 下列各叙述中，错误的是（ ）。

　A. 化学反应前后，物质的质量总和相同

　B. 化学反应前后，元素的种类相同

　C. 化学反应前后，各种原子的总数相同

　D. 化学反应前后，物质的分子个数相同

(2) 4 g氧气可跟（ ）g氢气完全反应。

　A. 1　　　　B. 0.5　　　　C. 2　　　　D. 4

(3) 铝在氧气中燃烧生成氧化铝。在这个反应中，铝、氧气、氧化铝的质量比是（ ）。

　A. 27∶32∶102　B. 27∶24∶43　C. 4∶3∶2　D. 108∶96∶204

2. 配平下列化学方程式

(1) $C_2H_4 + O_2 \xrightarrow{\text{点燃}} CO_2 + H_2O$　　(2) $NaOH + CuSO_4 \longrightarrow Cu(OH)_2\downarrow + Na_2SO_4$

(3) $Fe_2O_3 + H_2 \xrightarrow{\text{高温}} Fe + H_2O$　　(4) $Fe_2O_3 + CO \xrightarrow{\text{高温}} Fe + CO_2$

3. 写出下列各反应的化学方程式

（1）甲烷（CH₄）在氧气中燃烧，生成二氧化碳和水

（2）锌跟稀硫酸反应，生成硫酸锌和氢气

4. 在实验室里用氢气还原氧化铜制取铜。若制取 3.0 g 铜，需要氧化铜的质量是多少？

5. 某工厂需要 100 kg 氧气做原料。若用电解水的方法制取这些氧气，需消耗水的质量是多少？同时可以得到的氢气的质量是多少？

6. 锌和盐酸（HCl）反应生成氢气和氯化锌。实验室里用 3.7 g 锌与足量的盐酸反应，可制得氢气和氯化锌的质量各是多少？

本单元小结

质量守恒定律是自然界的普遍规律，它揭示了化学反应中反应物和生成物之间的质量关系，即参加化学反应的各物质的质量总和，等于反应后生成的各物质的质量总和。质量守恒定律是化学反应中元素原子的种类、数目和质量都没有发生变化的必然结果。

化学方程式是重要的化学用语，它能从"质"和"量"两个方面表示具体的化学反应：表示反应是真实存在的，无论反应物还是生成物，其组成都是符合客观事实的；表示反应物、生成物各物质之间的质量关系。

第六单元 碳和碳的氧化物

金刚石、石墨和 C_{60}

二氧化碳制取的研究

二氧化碳和一氧化碳

这是北宋著名画家张择端绘制的《清明上河图》(局部)。它能够保存至今是因为在常温下碳的化学性质不活泼。

课题 1　金刚石、石墨和 C_{60}

同一种元素可以组成不同的物质吗?

研究表明，透明的金刚石、灰色的石墨和足球状的 C_{60} 都是由碳元素组成的单质，但是由于它们的原子排列方式不同，因此它们的性质存在着差异。

一、碳的单质

1.金刚石

纯净的金刚石是无色透明、正八面体形状的固体。天然采集到的金刚石经过仔细琢磨后，可以成为璀璨夺目的装饰品——钻石。

金刚石

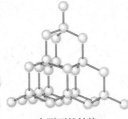
金刚石的结构

钻石

玻璃刀头上镶的金刚石可用来裁玻璃

图 6-1　金刚石的结构及用途

根据金刚石的用途可以推测金刚石一定很硬。事实上，它是天然存在的最硬的物质。

2.石墨

石墨是一种深灰色的有金属光泽而不透明的细鳞片状固体。石墨很软，有滑腻感。此外，石墨还具有优良的导电性能。

石墨

石墨的结构

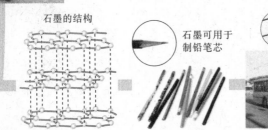
石墨可用于制铅笔芯
石墨
石墨电极
干电池

图 6-2　石墨的结构及用途

生活中我们常常用到的木炭主要是由石墨的微小晶体和少量杂质构成的，它具有疏松多孔的结构。焦炭、活性炭、炭黑等的构成和结构与木炭类似。

【实验6-1】 在盛有半瓶水的小锥形瓶里，加入一滴红墨水，使水略显红色。投入几块烘烤过的木炭（或活性炭），轻轻振荡，观察现象。

现　象

由于木炭具有疏松多孔的结构，因此它具有吸附能力。可以利用木炭的这个性质来吸附一些食品和工业产品里的色素，也可以用它来吸附有异味的物质。活性炭的吸附作用比木炭还要强，防毒面具里的滤毒罐就是利用活性炭来吸附毒气的，制糖工业中也利用活性炭来脱色以制白糖。

图6-3　防毒面具

 讨　论

　　结合金刚石、石墨和木炭的性质和用途，讨论物质的性质与用途之间有什么关系。

3. C₆₀

科学家们发现，除金刚石、石墨外，还有一类新的以单质形式存在的碳。其中，发现较早并已在研究中取得重要进展的是C_{60}。

C_{60}分子是一种由60个碳原子构成的分子，它形似足球（如图6-4），这种足球结构的碳分子很稳定。

图6-4　C_{60}的分子结构和足球相似

目前，人们对 C_{60} 分子的结构和性质的认识正在不断深入，它应用于材料科学、超导体等方面的研究正在进行中。我国在这方面已取得不少成就。

20 世纪 90 年代初，一些以新的形态（如管状）存在的单质碳又相继被发现。随着科学技术的发展，碳单质的用途也将不断扩大。

化学·技术·社会

人造金刚石和金刚石薄膜

早在 20 世纪 30 年代就已经有了生产人造金刚石的工厂，只是传统工艺所用的原料一直是石墨。由于石墨的密度大约只有金刚石的 2/3，所以完成这个变化需要高温和高压的条件。遗憾的是，这样做成的人造金刚石虽然和天然金刚石硬度相当，但是透明度和外形都达不到天然金刚石的水平。

20 世纪 80 年代，人们发现人造金刚石在半导体制造行业具有广泛的应用前景。因为计算机芯片的基体材料——硅的导热性不好，这成为进一步提高芯片性能时的难题。而金刚石在导热性方面远远超过硅（甚至超过铜和银），于是它成了芯片基体材料的最佳选择。正是这种需求推动了人造金刚石的研究。

人们想到，金刚石既然是碳的一种单质，为什么不可以用碳原子作为构建金刚石晶体的原料，而一定要通过破坏石墨的晶体来完成呢？灵巧的化学家很快就完成了这项研究。透明的、晶莹璀璨的人造金刚石就这样在实验室里诞生了。

虽然还没有能够制造出大颗粒的金刚石晶体（所以大颗粒的天然金刚石仍然价值连城），但是已经制成了金刚石的薄膜。

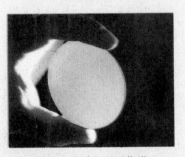

图 6-5 透明金刚石薄膜

目前，金刚石用作芯片仍处于研究阶段，但是金刚石膜和金刚石粉已经在其他领域中获得了应用，如激光窗口涂层、高速传动轴承的涂层等。最有趣的是，当扩音器的纸盘上涂敷金刚石粉后，音质可以大为改善。我们期待着大颗粒人造金刚石的商品化。那时，不仅计算机会因此变得更小、更快，而且金刚石也会像20世纪初的铝一样进入平民百姓家。

二、碳的化学性质

我国古代一些书法家、画家用墨（用炭黑等制成）书写或绘制的字画能够保存很长时间而不变色，这是为什么呢？

在常温下，碳的化学性质不活泼。碳受日光照射或与空气、水分接触，都不容易起变化。如果温度升高，碳的活动性又如何呢？

图6-6 古画

1. 碳与氧气的反应

回忆木炭在氧气中燃烧的实验，写出木炭在氧气中充分燃烧时的化学方程式。

化学方程式

当碳燃烧不充分的时候，生成一氧化碳，同时放出热。

$$2C+O_2 \xrightarrow{\text{点燃}} 2CO$$

2. 碳与某些氧化物的反应

【实验6-2】 把刚烘干的木炭粉末和氧化铜粉末混合均匀，小心地铺放进试管，并将试管固定在铁架台上。试管口装有通入澄清石灰水的导管（如图6-7），用酒精灯（可加网罩以使火焰集中并提高温度，最好使用酒精喷灯）加热混合物几分钟。然后先撤出导气管，待试管冷却后再把试管里的粉末倒在纸上。观察现象并分析。

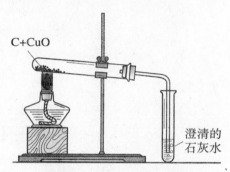

图6-7 用木炭还原氧化铜

现象	
分析	

木炭与氧化铜反应，生成铜和二氧化碳。

$$2CuO+C \xrightarrow{\text{高温}} 2Cu+CO_2\uparrow$$

在这个反应里，氧化铜失去氧而变成单质铜。这种含氧化合物里的氧被夺去的反应，叫做还原反应。木炭是使氧化铜还原为铜的物质，它具有还原性。单质碳的还原性可用于冶金工业。例如，焦炭可以把铁从它的氧化物矿石里还原出来。

$$2Fe_2O_3+3C \xrightarrow{\text{高温}} 4Fe+3CO_2\uparrow$$

学完本课题你应该知道

1. 不同的元素可以组成不同的物质，同一种元素也可以组成不同的物质。如金刚石、石墨和C_{60}等都是由碳元素组成的单质。

2. 木炭和活性炭具有吸附性。

3. 在常温下，碳的化学性质很稳定。在高温下，碳能够与很多物质起反应。

4. 物质的性质在很大程度上决定物质的用途。

家庭小实验

1. 把一根石墨电极或6B的铅笔芯和导线连接在一起（如图6-8），接通电源后，灯泡是否发亮？这个实验说明了什么？

2. 点燃一支蜡烛，把冷碟子放在蜡烛火焰的上方（如图6-9），过一会儿，你将在冷碟底上收集到亲手制得的炭黑。这个实验说明了什么？

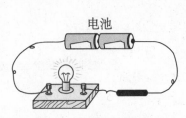

图6-8 石墨导电实验　　图6-9 生成炭黑的实验

习 题

1. 金刚石、石墨和 C_{60} 都是由_____元素组成的单质。

2. 根据下列物质的性质，写出其对应的一种或几种用途：

（1）金刚石的硬度很大：_____；

（2）石墨的导电性能好：_____；

（3）活性炭的吸附性强：_____；

（4）单质碳具有还原性：_____；

（5）常温下碳的化学性质不活泼：_____；

（6）碳燃烧时放出大量的热：_____。

3. 1999 年，曾使用了一种"石墨炸弹"。这种炸弹爆炸后释放出大量纤维状的石墨，它们覆盖在发电厂的设备上，造成设备短路而停电。试解释这是为什么。

4. 木头电线杆或木桩在埋入地下之前，常要把埋入地下的一部分木头表面稍稍烤焦。这是为什么？

5. 如右图所示，向盛有红棕色二氧化氮气体的集气瓶里投入几小块烘烤过的木炭，为什么红棕色会消失？

6. 写出碳在高温时还原氧化铜的化学方程式，并计算要使 80 g 氧化铜完全还原，需要碳的质量至少是多少？

课题2 二氧化碳制取的研究

在实验室里，二氧化碳常用稀盐酸与大理石（或石灰石，主要成分都是碳酸钙）反应来制取。反应的化学方程式可以表示如下：

$$CaCO_3 + 2HCl = CaCl_2 + H_2CO_3$$

碳酸钙　　　　　氯化钙　碳酸

碳酸不稳定，容易分解生成二氧化碳和水。

$$H_2CO_3 = CO_2\uparrow + H_2O$$

总的化学方程式是：

$$CaCO_3 + 2HCl = CaCl_2 + CO_2\uparrow + H_2O$$

 活动与探究

实验室里制取二氧化碳的研究与实践

1. 实验室里制取气体的装置的确定

实验室里制取气体的装置包括发生装置和收集装置两部分。下面列出了确定气体发生装置和收集装置时应考虑的因素。

气体发生装置 { 反应物的状态 { 固体与固体反应 / 固体与液体反应 / 液体与液体反应 / …… }

反应条件(是否需要加热、加催化剂等)

气体收集装置 { 排空气法① { 密度比空气的大——向上排气法 / 密度比空气的小——向下排气法 }

排水法(不易溶于水、不与水发生反应)

2. 二氧化碳和氧气制取实验及相关性质比较

	反应物的状态	反应条件	气体密度比空气的大或小②	是否与水反应
二氧化碳				
氧气				

---

① 当气体的密度和空气的密度相近且难溶于水时，一般采用排水法。

② 空气的平均相对分子质量为 29。如果某气体的相对分子质量大于 29，则这种气体的密度比空气的大；如果小于 29，则密度比空气的小。

　　根据上述比较，分析制取二氧化碳和氧气的发生装置和收集装置各有什么不同。试设计制取二氧化碳的装置，并与同学讨论、交流，分析各自设计的装置的优缺点。

　　以下仪器可供设计制取二氧化碳的装置时选择，你也可以另选或自制仪器，还可以利用代用品。

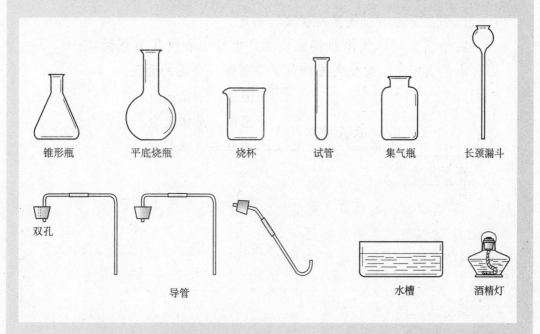

| 锥形瓶 | 平底烧瓶 | 烧杯 | 试管 | 集气瓶 | 长颈漏斗 |

双孔

导管　　　　水槽　　酒精灯

　　3. 通过讨论，选择一套最佳装置来制取二氧化碳。并讨论：怎样检验生成的气体是二氧化碳？

　　4. 认真写出探究活动报告。

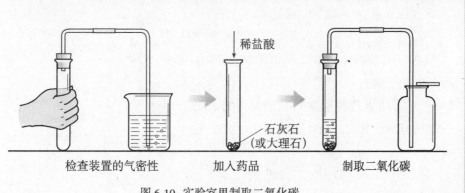

　　检查装置的气密性　　　加入药品　　　制取二氧化碳

稀盐酸

石灰石（或大理石）

图 6-10 实验室里制取二氧化碳

学完本课题你应该知道

1. 实验室里可用石灰石（或大理石）与稀盐酸反应来制取二氧化碳。

2. 实验室里可用下述装置来制取和检验二氧化碳：

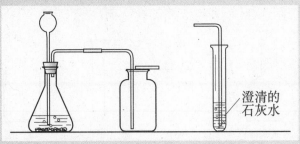

澄清的石灰水

3. 实验室里制取气体要注意：

(1) 选择适当的反应，包括反应物和反应条件；

(2) 选择合适的实验装置；

(3) 需验证所制得的气体。

习题

1. 实验室里制取二氧化碳的反应原理是＿＿＿＿＿＿＿＿＿＿（用化学方程式表示）；收集二氧化碳的方法是＿＿＿＿＿＿＿＿＿，因为＿＿＿＿＿＿＿＿＿；检验二氧化碳的方法是＿＿＿＿＿＿＿＿＿。

2. 右边实验室制取二氧化碳的装置图有哪些错误？为什么？

3. 写出下列物质间转化的化学方程式。其中，哪些属于化合反应？哪些属于分解反应？

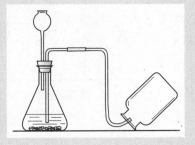

$$CO \xleftarrow{④} C \xrightarrow{①} CO_2 \xleftarrow{②} CaCO_3$$
$$\Big\uparrow ③$$
$$H_2CO_3$$

4. 足量的盐酸与 250 g 碳酸钙反应，生成二氧化碳的质量是多少？

5. 列举你所知道的能生成二氧化碳的反应，能用化学方程式表示的，写出化学方程式。然后与同学讨论这些反应能否用于在实验室里制取二氧化碳，并说明理由。

	生成二氧化碳的反应	能否用于实验室里制取二氧化碳和理由
1.		
2.		
3.		
4.		
……		

课题3　二氧化碳和一氧化碳

碳的氧化物有二氧化碳和一氧化碳两种。1个二氧化碳（CO_2）分子比1个一氧化碳（CO）分子多1个氧原子，这就使得它们的性质有很大的不同。

一、二氧化碳

1. 二氧化碳的性质

【实验 6-3】　如图 6-11 所示，制取并收集二氧化碳。根据二氧化碳不燃烧，也不支持燃烧的性质，可用燃着的木条检查集气瓶是不是已收集满二氧化碳。（检查时，木条应放在瓶口还是伸入瓶内？）

【实验 6-4】　如图 6-12 所示，将二氧化碳气体慢慢倒入烧杯中，观察现象并分析。

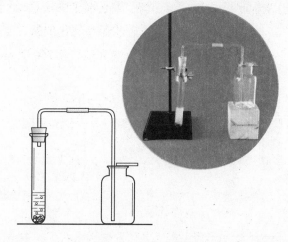

图 6-11　制取二氧化碳

图 6-12 倾倒二氧化碳

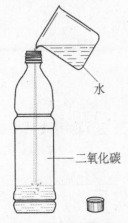

图 6-13 二氧化碳的溶解性实验

现 象	
分 析	

【实验 6-5】 如图 6-13 所示，向一个收集满二氧化碳气体的质地较软的塑料瓶中加入约 $\frac{1}{3}$ 体积的水，立即旋紧瓶盖，振荡。观察现象并分析。

现 象	
分 析	

根据实验 6-3、6-4 和 6-5 完成下表：

	颜色	状态	气味	密度（与空气比较）	溶解性	是否支持燃烧
二氧化碳						

二氧化碳能溶于水。在通常状况下，1 体积的水约能溶解 1 体积的二氧化碳，增大压强还会溶解得更多。生产汽水等碳酸型饮料就是利用了二氧化碳的这一性质。

二氧化碳溶于水的过程中，有没有发生化学变化呢？

【实验 6-6】 取四朵用石蕊①溶液染成紫色的干燥的纸花。第一朵纸花喷上稀醋酸，第二朵纸花喷上水，第三朵纸花直接放入盛满二氧化碳的集气瓶中，第四朵纸花喷上水后，再放入盛满二氧化碳的集气瓶中，观察四朵纸花

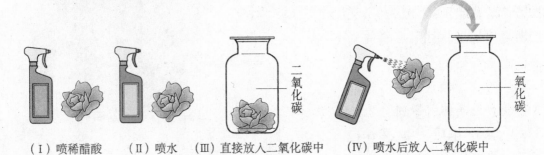

（Ⅰ）喷稀醋酸　（Ⅱ）喷水　（Ⅲ）直接放入二氧化碳中　（Ⅳ）喷水后放入二氧化碳中

图 6-14 二氧化碳与水的反应

① 石蕊是一种色素，遇酸变成红色。

的颜色变化。然后将第四朵纸花取出，小心烘烤，观察现象。

	（Ⅰ）	（Ⅱ）	（Ⅲ）	（Ⅳ）
现　象				
分　析				

二氧化碳与水反应生成碳酸，碳酸能使紫色石蕊溶液变成红色。

$$CO_2 + H_2O = H_2CO_3$$

碳酸很不稳定，容易分解成二氧化碳和水。

$$H_2CO_3 = H_2O + CO_2\uparrow$$

当加热时，碳酸分解，二氧化碳从溶液里逸出，所以红色石蕊溶液又变成紫色。

二氧化碳能使澄清的石灰水变浑浊，是因为二氧化碳与氢氧化钙〔$Ca(OH)_2$〕反应生成了白色的碳酸钙沉淀的缘故。

$$CO_2 + Ca(OH)_2 = CaCO_3\downarrow + H_2O$$

这个反应可以用来检验二氧化碳。

在一定条件下，二氧化碳气体会变成固体，固体二氧化碳叫"干冰"。干冰升华[①]时，吸收大量的热，因此可作制冷剂。如果用飞机向云层中撒布干冰，由于干冰升华吸热，空气中的水蒸气迅速冷凝变成水滴，于是就开始下雨了。这就是干冰用于人工降雨的奥秘。

图6-15 干冰升华

2. 二氧化碳对生活和环境的影响

二氧化碳本身没有毒性，但二氧化碳不能供给呼吸。当空气中的二氧化

---

① 升华是指固态物质不经液态直接变为气态的现象。

碳超过正常含量时，会对人体健康产生影响。因此，在人群密集的地方应该注意通风换气。

表6-1 二氧化碳对人体健康的影响

空气中二氧化碳的体积分数/%	对人体健康的影响
1	使人感到气闷、头昏、心悸
4~5	使人感到气喘、头痛、眩晕
10	使人神志不清、呼吸停止，以致死亡

讨论

进入久未开启的菜窖或干涸的深井之前，如何检验这些场所中二氧化碳的含量是否会对进入的人的生命构成威胁？

二氧化碳在生活和生产中具有广泛的用途（如图6-16）。

光合作用　　灭火

化工产品的原料　　气体肥料

图6-16 二氧化碳的用途

人和动植物的呼吸、煤等燃料的燃烧都产生二氧化碳，而绿色植物的光合作用却吸收二氧化碳，放出氧气。因此，空气中二氧化碳的含量是相对稳定的。但是近几十年来，由于人类消耗的能源急剧增加，森林遭到破坏，大气中二氧化碳的含量不断上升。大气中的二氧化碳气体能像温室的玻璃或塑料薄膜那样，使地面吸收的太阳光的热量不易散失，从而使全球变暖，这种现象叫温室效应。能产生温室效应的气体除二氧化碳外，还有臭氧（O_3）、甲烷（CH_4）、氟氯代烷（商品名为氟利昂）等。

图 6-17 全球变暖

有人认为，全球变暖将可能导致两极的冰川融化，使海平面升高，淹没部分沿海城市，以及使土地沙漠化、农业减产等。

但是，也有人认为大气中的水蒸气、云量、颗粒物有可能抵消温室效应。

对温室效应及其长期影响还需要人们进一步研究。但"人类只有一个地球！"为了保护人类赖以生存的环境，我们应该共同采取措施，防止温室效应进一步增强。例如，人类应减少使用煤、石油、天然气等化石燃料，更多地利用太阳能、风能、地热等清洁能源；大力植树造林，严禁乱砍滥伐森林等。

二、一氧化碳

一氧化碳是一种没有颜色、没有气味的气体，它能够燃烧，燃烧时放出大量的热，火焰呈蓝色。

$$2CO + O_2 \xrightarrow{\text{点燃}} 2CO_2$$

煤炉里煤层上方的蓝色火焰，就是一氧化碳在燃烧。一氧化碳是许多气体燃料如水煤气的主要成分。

一氧化碳极易与血液中的血红蛋白结合，从而使血红蛋白不能很好地与氧气结合，造成生物体内缺氧，严重时会危及生命。一氧化碳

图 6-18 炭火中一氧化碳的燃烧

有剧毒！人在一氧化碳达到总体积的 0.02%的空气中，持续 2~3 h 即出现中毒症状。因此，冬天用煤火取暖时，一定要装烟囱，并且注意室内通风，防止一氧化碳中毒。

如果发生一氧化碳中毒，轻度的应呼吸大量新鲜空气，严重的要立即到医院进行治疗。

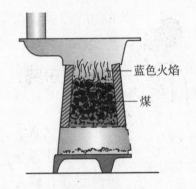

图 6-19 煤炉里煤层上方的蓝色火焰是一氧化碳在燃烧

讨 论

煤气厂为什么常在家用煤气(含有一氧化碳) 中掺入微量具有难闻气味的气体？如发生煤气泄漏应当怎么办？

一氧化碳和木炭一样具有还原性，能使氧化铜还原成铜，同时生成二氧化碳。

$$CuO+CO \xrightarrow{\triangle} Cu+CO_2$$

一氧化碳的还原性可用于冶金工业。例如，可利用一氧化碳的还原性来炼铁。

学完本课题你应该知道

1. 二氧化碳不燃烧，也不支持燃烧，并能与水反应。
2. 二氧化碳能使澄清的石灰水变浑浊，这个反应可以用来检验二氧化碳。
3. 一氧化碳能够燃烧，具有还原性和毒性。
4. 温室效应及防止温室效应增强应采取的措施。

调查与研究

通过广播、电视、报纸、网络等新闻媒体收集有关资料，就温室效应的影响及防止温室效应进一步增强应采取的措施等议题，制作黑板报、宣传栏等，或写成小论文，登录人教网中学化学教育论坛进行交流。

家庭小实验

取一个小玻璃杯，放入洗净的碎鸡蛋壳，然后加入一些醋精（主要成分是醋酸），立即用蘸有澄清石灰水的玻璃片盖住。仔细观察有什么现象发生。试根据实验现象推测鸡蛋壳里可能含有什么物质。

习题

1. 选择氧气、一氧化碳或二氧化碳填空，并写出有关反应的化学方程式：

(1) 能使带火星的木条复燃的是＿＿＿＿＿；

(2) 能用于灭火的是＿＿＿＿＿；

(3) 能使人中毒的是＿＿＿＿＿；

(4) 绿色植物进行光合作用吸收的是＿＿＿＿＿，释放的是＿＿＿＿＿；

(5) 能在空气中燃烧的是_____，反应的化学方程式是_____；

(6) 能使澄清的石灰水变浑浊的是_____，反应的化学方程式是_____；

(7) 能使紫色石蕊溶液变成红色的是_____，它与水反应的化学方程式是_____；

(8) 能使氧化铜还原成铜的是_____，反应的化学方程式是_____；

(9) 干冰是_____。

2. 吸烟对人体有害。燃着的香烟产生的烟气中含有一种能与血液中血红蛋白结合的有毒气体，它是_____。

3. 影视舞台上经常见到云雾缭绕、使人如入仙境的景象。产生这种景象可用的物质是_____。

4. 设计实验证明二氧化碳具有下述性质：

(1) 二氧化碳的密度比空气的大； (2) 二氧化碳能溶于水。

5. 设计实验证明汽水中含有二氧化碳。

6. 有人说在煤炉上放一壶水就能防止一氧化碳中毒，你认为这种说法对吗？为什么？

7. 为了使用石灰浆〔$Ca(OH)_2$〕抹的墙壁快点干燥，为什么常在室内生个炭火盆？为什么开始放炭火盆时，墙壁反而变潮湿？

8. 在牙膏和一些药品中，常用轻质碳酸钙粉末作填充剂或载体。人们通常将石灰石煅烧制得氧化钙，再将氧化钙加水制成石灰乳〔主要成分是$Ca(OH)_2$〕，然后将净化后的石灰乳与二氧化碳作用得到碳酸钙。试用化学方程式表示上述反应的原理。

9. 在含有氢氧化钙 14.8 g 的石灰水里，至少通入质量为多少的二氧化碳，才能使氢氧化钙全部转化为碳酸钙沉淀？

本单元小结

一、碳及其氧化物的性质和用途

		物理性质	化学性质	用　途
碳的单质	金刚石			
	石墨			
	C$_{60}$			
碳的氧化物	二氧化碳			
	一氧化碳			

二、氧气和二氧化碳实验室制法的比较

物质	反应原理	实验装置图	检验方法
氧气			
二氧化碳			

三、本单元知识间的联系可用右图来表示。

写出图中所示反应的化学方程式：

① _____

② _____

③ _____

④ _____

⑤ _____

⑥ _____

⑦ _____

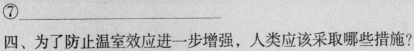

四、为了防止温室效应进一步增强，人类应该采取哪些措施？

第七单元　燃料及其利用

燃烧和灭火

燃料和热量

使用燃料对环境的影响

| | 课题 1 | 燃烧和灭火 |

燃烧是人类最早利用的化学反应之一，人类已有几十万年的利用燃烧反应的历史。燃烧与我们的生活以及社会的发展有着密切的联系。

图 7-1 燃烧是人类最早利用的化学反应之一

图 7-2 利用燃烧加工食物

图 7-3 古埃及人利用燃烧冶炼铜

一、燃烧的条件

【实验 7-1】[①] 在 500 mL 的烧杯中注入 400 mL 热水，并放入用硬纸圈圈住的一小块白磷。在烧杯上盖一片薄铜片，铜片上一端放一小堆干燥的红磷，另一端放一小块已用滤纸吸去表面上水的白磷（如图 7-4)，观察现象。

图 7-4 燃烧的条件

现象	

用导管对准上述烧杯中的白磷，通入少量氧气（或空气），观察现象。

现象	

图 7-5 白磷在水下燃烧

① 本实验由教师演示，且在通风橱中或抽风设备下进行。

讨 论

1. 由上述实验中薄铜片上的白磷燃烧而红磷不燃烧的事实，说明燃烧需要什么条件？

2. 由薄铜片上的白磷燃烧而热水中的白磷不燃烧的事实，说明燃烧还需要什么条件？

3. 由本来在热水中不燃烧的白磷，在通入氧气（或空气）后燃烧的事实，再次说明燃烧需要什么条件？

4. 综合上述讨论，可得出燃烧需要哪些条件？

可燃物与氧气发生的一种发光、放热的剧烈的氧化反应叫做燃烧，燃烧需要三个条件：

(1) 可燃物；

(2) 氧气（或空气）；

(3) 达到燃烧所需的最低温度（也叫着火点）。

图7-6 燃烧条件示意图

表7-1 在通常状况下一些常见物质的着火点

物质	白磷	红磷	木材	木炭	无烟煤
着火点/°C	40	240	250~330	320~370	700~750

二、灭火的原理和方法

如果破坏燃烧的条件，使燃烧反应停止，就可以达到灭火的目的。

讨 论

根据燃烧的条件推论灭火的原理。

图7-7 扑灭火灾

【实验7-2】 点燃三支蜡烛，在其中一支蜡烛上扣一只烧杯；将另两支蜡烛放在烧杯中，然后向其中一只烧杯中加适量碳酸钠和盐酸（如图7-8），观察现象并分析原因。

现象	
分析	

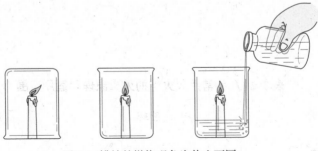

图 7-8 蜡烛的燃烧现象为什么不同?

清除可燃物或使可燃物与其他物品隔离，隔绝氧气（或空气），以及使温度降到着火点以下，都能达到灭火的目的。

活动与探究

试根据灭火的原理和上述实验，设计一个简易的灭火器（图7-9的装置可供参考）。

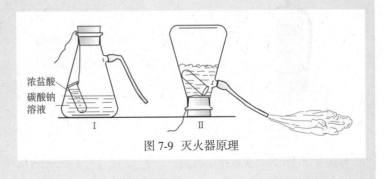

浓盐酸
碳酸钠溶液

Ⅰ　　Ⅱ

图 7-9 灭火器原理

讨 论

下面是一些灭火的实例，试分析其灭火的原理：

1. 炒菜时油锅中的油不慎着火，可用锅盖盖灭；

2. 堆放杂物的纸箱着火时，可用水扑灭；

3. 扑灭森林火灾的有效方法之一，是将大火蔓延路线前的一片树木砍掉。

表7-2 几种常用灭火器的灭火原理和适用范围

灭火器	灭火原理	适用范围
泡沫灭火器	灭火时，能喷射出大量二氧化碳及泡沫，它们能黏附在可燃物上，使可燃物与空气隔绝，达到灭火的目的	可用来扑灭木材、棉布等燃烧引起的失火
干粉灭火器	利用压缩的二氧化碳吹出干粉(主要含有碳酸氢钠)来灭火	具有流动性好、喷射率高、不腐蚀容器和不易变质等优良性能，除可用来扑灭一般失火外，还可用来扑灭油、气等燃烧引起的失火
二氧化碳灭火器	在加压时将液态二氧化碳压缩在小钢瓶中，灭火时再将其喷出，有降温和隔绝空气的作用	灭火时不会因留下任何痕迹而使物体损坏，因此可用来扑灭图书、档案、贵重设备、精密仪器等处的失火。使用时，手一定要先握在钢瓶的木柄上，否则，会把手冻伤

三、 易燃物和易爆物的安全知识

可燃物在有限的空间内急剧地燃烧，就会在短时间内聚积大量的热，使气体的体积迅速膨胀而引起爆炸。例如，家庭用的天然气、煤气或液化石油气等如果泄漏的话，可燃性气体聚集在通风不良的厨房等有限空间里，一经点燃就急剧地燃烧，有可能发生爆炸事故，而造成生命和财产的严重损害。

除了可燃性气体能发生爆炸外，面粉、煤粉等粉尘也能发生爆炸吗？

【实验7-3】 如图7-10，I 所示，剪去空金属罐和小塑料瓶的上部，并在金属罐和小塑料瓶的底侧各打一个比橡皮管外径略小的小孔。连接好装置，在小塑料瓶中放入干燥的面粉，点燃蜡烛，用塑料盖盖住罐（如图7-10，II 所示）。从橡皮管一端快速鼓入大量的空气（人距离该装置远一些），使面粉充满罐，观察现象并分析原因。

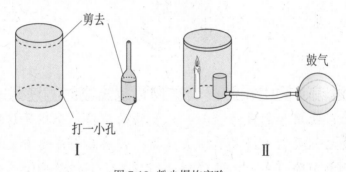

剪去
打一小孔
I
鼓气
II

图7-10 粉尘爆炸实验

现象	
分析	

图7-11 加油站需严禁烟火

上述实验说明，可燃物与氧气的接触面积越大，燃烧就越剧烈。油库、面粉加工厂、纺织厂和煤矿的矿井内，都标有"严禁烟火"字样或图标，因为这些地方的空气中常混有可燃性的气体或粉尘，它们接触到明火，就有发生爆炸的危险。

在生产、运输、使用和贮存易燃物和易爆物时，必须严格遵守有关规定，绝不允许违章操作。

一些与燃烧和爆炸有关的图标如图7-12所示。

当心火灾 —— 易燃物质　　禁止放易燃物　　当心爆炸 —— 爆炸性物质　　当心火灾 —— 氧化物

禁止烟火　　　　禁止带火种　　　　禁止燃放鞭炮　　　　禁止吸烟

图7-12　一些与燃烧和爆炸有关的图标

生产、运输、使用和贮存易燃物和易爆物时的注意事项

生产、使用和贮存易燃物和易爆物的厂房、仓库等建筑物与周围建筑物之间要留有足够的防火距离。厂房和仓库要有良好的通风设备和静电消除设备，消防器材必须齐备，并严禁烟火，杜绝一切可能产生火花的因素。所有的电气设备和照明设备均应采用隔离、封闭和防爆型装置。

盛装易燃物和易爆物的容器要牢固、密封，容器外要有明显的警告标志，并标有物质的名称、化学性质和注意事项。

易燃物和易爆物不能跟其他物质混存，对那些相互接触容易引起燃烧或爆炸的物质，以及灭火方式不同的物质，应隔离贮存；对那些遇水或受阳光照射容易发生燃烧或爆炸的物质，不能存放在露天或高温的地方。

存放易燃物和易爆物时，不能堆放得过高过密，堆与堆、堆与墙之间要留有一定距离的通道。

存放易燃物和易爆物的仓库，要做到人走电断，并进行经常性的防火检查，以防止自燃或爆炸。

在搬运易燃物和易爆物时，要轻拿轻放，不能摔、砸或撞击，以免发生意外事故。

学完本课题你应该知道

1. 可燃物与氧气发生的一种发光发热的剧烈的氧化反应叫做燃烧，燃烧需要三个条件：
(1) 可燃物；
(2) 氧气（或空气）；
(3) 达到燃烧所需的最低温度（也叫着火点）。
2. 灭火的原理：
(1) 清除可燃物或使可燃物与其他物品隔离；
(2) 隔绝氧气（或空气）；
(3) 使温度降到着火点以下。
3. 在生产、运输、使用和贮存易燃物和易爆物时，必须严格遵守有关规定，绝不允许违章操作。

调查与研究

根据自己住宅的特点，设计预防火灾的方案（包括万一发生火灾时需采取的灭火和自救的措施）。

习 题

1. 选择题

(1) 下列处理事故的方法中不正确的是（　　）。

    A. 电器着火用水扑灭

    B. 炒菜时油锅着火，立即盖上锅盖

    C. 厨房煤气管道漏气，立即关闭阀门并开窗通风

    D. 图书馆内图书起火，立即用泡沫灭火器扑灭

(2) 关于易燃物和易爆物生产、使用、运输、贮存的方法不正确的是（　　）。

    A. 存放时要露天放置，紧密堆积

    B. 搬运取用要轻拿轻放，不能摔、砸和撞击

    C. 运输时，避开人口稠密区

    D. 生产厂房、仓库可建在闹市区，但必须贴"严禁烟火"字样或图标

2. 燃烧与灭火有什么联系？燃烧需要什么条件？灭火的原理是什么？

3. 用扇子扇煤炉火，为什么越扇越旺？而用扇子扇蜡烛火焰，为什么一扇就灭？

4. 为什么生煤炉火时，需先引燃纸和木柴？

5. 室内起火时，如果打开门窗，火反而会烧得更旺，为什么？

6. 发生下列情况时，你会采用什么方法灭火？说明理由。

(1) 做实验时，不慎碰倒酒精灯，酒精在桌面上燃烧起来。

(2) 邻居由于吸烟，不慎引燃被子而发生火灾。

(3) 由于电线老化短路而发生火灾。

课题 2　燃料和热量

许多物质都能发生燃烧反应，从最早使用的柴草，到煤、石油和天然气，发展至今天的许多新型燃料，燃料的燃烧在人类社会的发展过程中起着相当重要的作用。

一、化石燃料

生活中经常使用的燃料有煤、石油和天然气，我们常称它们为化石燃料，因为它们都是由古代生物的遗骸经一系列复杂变化而形成的。化石燃料是不可再生能源。

植物或植物枯萎后

植物等被埋于土中，
经长期复杂变化形成煤

图 7-13 煤的形成

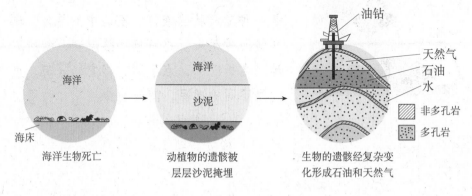

海洋生物死亡

动植物的遗骸被
层层沙泥掩埋

生物的遗骸经复杂变
化形成石油和天然气

图 7-14 石油和天然气的形成

1. 煤和石油

活动与探究

讨论或思考（根据你所了解的情况，或通过调查等）：

1. 你家中做饭、洗浴等使用什么燃料？

2. 汽车、轮船、飞机、拖拉机等使用什么燃料？

3. 炼钢厂、热电厂等使用什么燃料？

4. 以上使用的燃料有什么优缺点？

阅读下列资料：

煤是复杂的混合物，主要含有碳元素。将煤作为燃料，主要是利用碳元素与氧反应所放出的热量。

此外，煤中还含有氢元素和少量的氮、硫、氧等元素以及无机矿物质（主要含硅、铝、钙、铁等元素）。

为了使煤得到综合利用，将煤隔绝空

图 7-15 煤燃烧

气加热，可以使煤分解成许多有用的物质，如焦炭、煤焦油、煤气等。

煤气作为生活燃气，在一些城市被使用，它的主要成分为：

氢气　　　　　H_2

甲烷　　　　　CH_4

一氧化碳　　　CO

其他气体

图7-16 原油

从油井中开采出来的石油也叫原油，是一种黏稠状的液体。石油中主要含有碳和氢两种元素。将石油加热炼制，利用石油中各成分的沸点不同，将它们分离，可得到不同的产品，使石油得到综合利用。

城镇的许多家庭做饭使用一种罐装"煤气"作为燃料，罐中所装的是液化石油气[①]，这是石油化工的一种产品。液化石油气是经加压后压缩到钢瓶中的，瓶内压强是大气压强的7~8倍。

图7-17 石油炼制的部分
产品和主要用途

石油炼制 → 溶剂油、汽油、航空煤油、煤油、柴油、润滑油、石蜡、沥青

图7-18 罐装液化石油气

讨论：

1. 石油可直接用作燃料吗？石油产品中有哪些是常用的燃料？

2. 煤气泄漏会造成什么危害？使用罐装液化石油气在安全上应注意什么？

① 主要成分是丙烷、丁烷、丙烯和丁烯等。

2. 天然气

在有石油的地方，一般都有天然气存在。天然气主要是由碳和氢组成的气态碳氢化合物，其中最主要的是甲烷（CH_4）。

图 7-19 海上采油

【实验 7-4】 观察甲烷的颜色、状态。点燃从导管放出的甲烷（点燃前，要先检验甲烷的纯度），在火焰的上方罩一个冷而干燥的烧杯（如图 7-20）。过一会儿，观察烧杯上的现象。

现　象	

迅速把烧杯倒过来，向烧杯内注入少量澄清的石灰水，振荡，观察现象。

现　象	
化学方程式	

这个实验说明甲烷中含有哪些元素？

在池沼的底部常含有甲烷，通常也把池沼中的气体称为沼气。把秸秆、杂草、人畜粪便等废弃物放在密闭的沼气池中发酵，就可产生甲烷。在我国农村，利用沼气可解决生活用燃料问题。

CH_4

图 7-20 甲烷燃烧

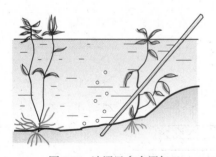

图 7-21 池沼里含有沼气

图 7-22 沼气的制取和利用

人类目前所消耗的能量主要来自化石燃料。然而，化石燃料要经过数百万年才能形成，人类目前大量开采，将使化石燃料最终被耗尽。

图 7-23 化石燃料的用途

表 7-3 我国 2004 年化石能源探明储量及年产量

	探明储量	年产量
石油	23 亿吨	1.74 亿吨
天然气	2.23×10^4 亿立方米	408 亿立方米
煤	1 145 亿吨	9.9 亿吨

讨 论

根据表 7-3 所示数据，如果按照这样的化石能源探明储量和开采速度，估算大约多少年后我国的石油和天然气将被耗尽？在下面的图上表示你的估算结果。

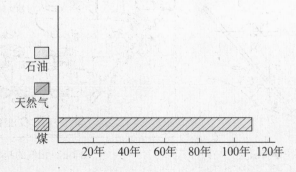

根据你估算的结果，谈谈你对化石燃料使用与开发的看法。

在人们担心化石能源将被耗尽的时候，科学家发现海底埋藏着大量可燃烧的

"冰"——"可燃冰",其中主要含有甲烷水合物,可能成为未来的新能源,但目前开采在技术上还存在困难。

化学·技术·社会

海底"可燃冰"

可燃冰外观像冰,主要含有甲烷水合物(由甲烷分子和水分子组成),还含有少量二氧化碳等气体。可燃冰在低温和高压条件下形成,一体积可燃冰可储载 100~200 倍体积的甲烷气体,具有能量高、燃烧值大等优点。目前发现的可燃冰储量大约是化石燃料总和的 2 倍,它将成为替代化石燃料的新能源。

但是,可燃冰埋藏于海底的岩石中,如果在开采中甲烷气体大量泄漏于大气中,造成的温室效应将比二氧化碳更加严重。所以,开采的关键是解决技术上的问题。

二、化学反应中的能量变化

人们使用化石燃料,是利用它燃烧产生的热量,那么,是不是只有通过燃料燃烧才能得到热量呢?

【实验 7-5】 在一支试管中加入几小段镁条,再加入 5 mL 盐酸,观察现象,并用手触摸试管外壁。

稀盐酸

镁条

图 7-24 镁与盐酸反应中
有能量变化

现　象	
手的感觉	
分　析	

图 7-25 我国古代烧制陶器

镁与盐酸反应产生了热量,这种放热现象在许多化学反应中都会发生。可燃物燃烧产生热量,也是因为发生了化学反应而放热。相反,有些化学反应并不放出热量,而是吸收热量,即产生吸热现象,如碳与二氧化碳的反应。化学反应在生成新物质的同时,还伴随着能量的变化,而能量的变化通常表现为热量的变化。

在当今社会，人类需要的大部分能量是由化学反应产生的，最常见的就是生活燃料的使用，如利用化学反应产生的能量做饭、取暖等。此外，人们还利用燃烧等化学反应产生的能量发电、烧制陶瓷、冶炼金属和发射火箭；利用爆炸产生的巨大能量开山炸石和拆除危旧建筑；等等。

图 7-26 利用化学反应产生的热量烧制陶瓷

图 7-27 利用炸药定向爆破拆除楼房

对于我们自身来说，维持体温和日常活动所需要的能量，都与食物在体内发生的化学反应有关。

讨 论

举出一些利用化学反应放出热量的实例。

目前，人类通过化学反应获得的能量，大多来自于化石燃料，而化石燃料资源是有限的。因此，控制燃烧反应，使燃料充分燃烧，对于节约能源非常重要。如果我们能提高煤等燃料的燃烧利用率，就相当于延长煤等的使用期限。

总起来讲，使燃料充分燃烧通常需要考虑两点：一是燃烧时要有足够多的空气；二是燃料与空气要有足够大的接触面。

燃料燃烧不充分时，不仅使燃料燃烧产生的热量减少，浪费资源，而且还会产生大量的 CO 等物质，污染空气。

讨 论

工业上有时使用煤等固体燃料，为了使燃料与空气有足够大的接触面，你认为应将固体燃料进行怎样的处理？

学完本课题你应该知道

1. 燃料在生活和生产中起着重要作用。燃料充分燃烧对于节约能源，减少环境污染非常重要。

2. 石油是由沸点不同的化合物组成的混合物，从石油炼制出的燃料有汽油、煤油和柴油等，它们具有广泛的用途。

3. 化石燃料面临被耗尽的危险，应合理开采，并节约使用。

4. 物质发生化学反应的同时，伴随着能量的变化，通常表现为热量变化，即有放热现象或吸热现象发生。

调查与研究

煤的加工产品有哪些用途？（可通过查阅书刊、报纸、上网、实际访问和请教他人等方法获取所需要的信息。）

习题

1. 选择题

(1) 下列关于石油的叙述不正确的是（　　）。

　　A. 石油是一种化工产品　　　　B. 石油是一种混合物

　　C. 可利用石油产品发电　　　　D. 将石油分馏可得到多种产品

(2) 下列气体与空气混合后遇明火，可能发生爆炸的是（　　）。

　　A. 氧气　　B. 氮气　　C. 甲烷　　D. 二氧化碳

2. 汽车、轮船使用的燃料有_____。埋于海底将来可能会替代化石燃料的新能源是_____。

3. 关于如何使家用燃料充分燃烧，提出自己的看法。

4. 列出从石油炼制出的几种产品及其用途。

5. 为防止燃气泄漏造成危险，可在家中安装报警器。根据家中使用燃料的情况，确定你家中的报警器应安装在什么位置（参考右图所示）。（可查阅相关资料。）

6. 煤矿的矿井里常含有甲烷。你认为煤矿应采取什么安全措施？应在哪些地方、贴怎样的安全标志？

课题 3　使用燃料对环境的影响

　　燃料的使用，给人们的生活带来了很多方便，但是，有些燃料在燃烧提供能量的同时，却对环境造成了不良的影响。

一、燃料燃烧对空气的影响

1. 煤的燃烧

　　煤燃烧时会排放出二氧化硫（SO_2）、二氧化氮（NO_2）等污染物。这些气体或气体在空气中反应后的生成物溶于雨水，会形成酸雨。

图 7-28 工厂排出的烟尘污染空气

 活动与探究

酸雨危害的模拟实验

向一个空集气瓶和一个充满 SO_2 的集气瓶中各加入少量水[①]。分别将表中所列物质放入上述两种液体中，观察现象。

加入的物质	现 象	
	水	SO_2 加水
植物叶子或果皮		
镁条或锌粒		
大理石或石灰石		

讨论：

比较上述实验，试说明酸雨可能对环境造成什么样的破坏，应采取怎样的防止和保护措施。

----

① 可由教师准备好，分发给学生。

图 7-29 森林受到酸雨破坏

1908 年　　　　1969 年

图 7-30 雕像受到酸雨腐蚀

2.汽车用燃料的燃烧

目前，多数汽车使用的燃料是汽油或柴油。它们燃烧时产生的一些物质会随尾气直接排放到空气中，对空气造成污染。尾气中的主要污染物有一氧化碳、未燃烧的碳氢化合物、氮的氧化物、含铅化合物和烟尘等。

图 7-31 汽车尾气污染空气

为了减少汽车尾气对空气的污染，目前在燃料使用和汽车制造技术方面已采取了一些措施，如：（1）改进发动机的燃烧方式，使汽油能充分燃烧；（2）使用催化净化装置，使有害气体转化为无害物质；（3）使用无铅汽油，禁止含铅物质排放。同时，在管理上，加大检测尾气的力度，禁止没达到环保标准的汽车上路。

目前，城市的一些汽车已改用压缩天然气（CNG）或液化石油气（LPG）作燃料，以减少对空气的污染。

图 7-32 使用压缩天然气作燃料的汽车　　　　图 7-33　液化石油气汽车加气站

煤和石油等化石燃料燃烧造成对空气的污染，主要有以下几方面原因：

·燃料中的一些杂质如硫等燃烧时，产生空气污染物如二氧化硫等；

·燃料燃烧不充分，产生一氧化碳；

·未燃烧的碳氢化合物及炭粒、尘粒等排放到空气中。

二、使用和开发新的燃料及能源

煤和石油等都是重要的化工原料，它们燃烧时会对空气造成污染，所以需要使用和开发清洁的燃料。

1. 乙醇

高粱、玉米和薯类等经过发酵、蒸馏，可得到乙醇，乙醇属于可再生能源。

乙醇俗称酒精，其化学式为 C_2H_5OH，它在空气中燃烧反应的化学方程式为：

$$C_2H_5OH + 3O_2 \xrightarrow{\text{点燃}} 2CO_2 + 3H_2O$$

乙醇燃烧时放出大量的热，所以被用作酒精灯、火锅、内燃机等的燃料。在汽油中加入适量乙醇作为汽车燃料（车用乙醇汽油），可节省石油资源，减少汽车尾气的污染。

化学·技术·社会

车用乙醇汽油

乙醇是以高粱、玉米、小麦、薯类、糖蜜等为原料，经发酵、蒸馏而制成的。将乙醇液中含有的水进一步除去，再添加适量的变性剂（为防止饮用）可形成变性燃料乙醇。车用乙醇汽油是将变性燃料乙醇和汽油以一定的比例混合而形成的一种汽车燃料。使用这种燃料不但可以节省石油资源和有效地减少汽车尾气的污染，还可以促进农业生产。乙醇汽油在一些国家已成功使用多年，目前在我国也越来越受到重视。2001年4月2日，国家质量技术监督局发布了《变性燃料乙醇》和《车用乙醇汽油》两项国家标准，并于2001年4月15日开始实施。我国的一些地区正在逐步推广使用乙醇汽油，到2005年，全国已有五个省及一些省的部分地市基本实现了车用乙醇汽油替代普通汽油。

2. 氢气

氢气本身无毒，极易燃烧，燃烧产物是水，被认为是最清洁的燃料。

$$2H_2 + O_2 \xrightarrow{\text{点燃}} 2H_2O$$

在实验室里，常用锌与稀硫酸反应来制取氢气（如图7-34），反应的化学方程式为：

$$Zn + H_2SO_4 =\!=\!= ZnSO_4 + H_2\uparrow$$

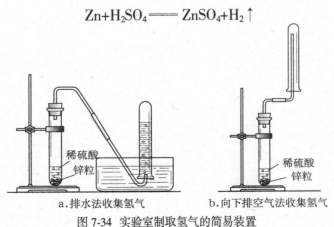

a.排水法收集氢气　　　b.向下排空气法收集氢气

图7-34　实验室制取氢气的简易装置

讨 论

1. 回忆在第三单元做过的电解水的实验，写出电解水的化学方程式。

2. 电解水和用锌与稀硫酸反应都可以得到氢气。如果将氢气作为燃料广泛应用，你认为用这两种方法制氢气切实可行吗？为什么？

由于氢气的制取成本高和贮存困难，作为燃料暂时还不能广泛使用。目前，对氢能源的开发已取得了很大进展，随着科技的发展，氢气终将会成为主要的能源之一。

讨 论

经常使用的燃料有煤、煤气、液化石油气、天然气、汽油、柴油和酒精等，从资源、环境、经济等方面考虑，这些燃料各有什么优缺点？你认为使用哪种燃料较好？

化学·技术·社会

"西气东输"

"西气东输"是开发大西北的一项重大工程，将新疆等地的天然气，通过约4 200公里的管道向东输送，途经甘肃、宁夏、陕西、河南、安徽和江苏，最终到达上海，供应长江三角洲地区及沿线各省（区）的工业和居民生活用气。这一重大工程的实施，将取代部分工业和居民使用的煤炭和燃油，有效改善大气环境，提高人民的生活质量。

现代社会对能量的需求量越来越大，化学反应提供的能量已不能满足人类的需求。目前，人们正在利用和开发其他新能源，如太阳能、核能、风能、地热能和潮汐能等。这些能源的利用，不但可以部分解决化石能源面临耗尽的问题，还可以减少对环境的污染。

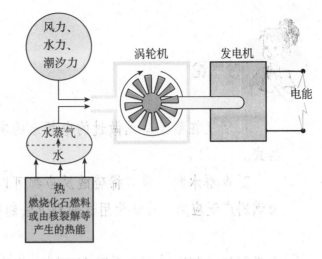

图 7-35 利用不同形式的能量发电示意图

图 7-36 太阳能电池

图 7-37 风力发电

学完本课题你应该知道

1. 一些燃料燃烧对环境有不良影响，应选择使用不污染环境或对环境污染小的燃料。

2. 在化石燃料中，天然气是比较清洁的燃料。

3. 应使用和开发化石燃料以外的清洁燃料，综合利用资源和开发新能源具有重要意义。

调查与研究

　　调查汽车、工厂和家庭等使用的不同燃料的性能、价格、对环境的影响，以及所采取的环境保护措施等，写出调查报告或小论文。

习 题

1. 选择题

(1) 从环境保护的角度考虑，下列燃料中最理想的是 （ 　 ）。

　　A. 氢气　　　　B. 天然气　　　　C. 酒精　　　　D. 汽油

(2) 引起煤气中毒的物质是 （ 　 ）。

　　A. 一氧化碳　　B. 甲烷　　　　C. 二氧化碳　　D. 二氧化硫

(3) 造成酸雨的主要物质是 （ 　 ）。

　　A. 甲烷和一氧化碳　　　　B. 二氧化硫和一氧化碳

　　C. 一氧化碳和二氧化碳　　D. 二氧化硫和二氧化氮

(4) 下列能源中，不会对环境造成污染而且取之不尽的是 （ 　 ）。

　　A. 石油　　　B. 天然气　　　　C. 氢气　　　　D. 太阳能

(5) 下列叙述中正确的是 （ 　 ）。

　　A. 化学反应过程中都会发生放热现象

　　B. 在化学反应中只有燃烧反应才能放出热量

　　C. 化学反应伴随着能量变化

　　D. 人类利用的能量都是通过化学反应获得的

2. 资料显示，冬天空气中的二氧化硫增多，这是为什么？应采取什么措施？

3. 甲烷和乙醇的燃烧产物都是二氧化碳和水，是否可以由此证明甲烷和乙醇都是由碳元素和氢元素组成的碳氢化合物。

4. 有 3 瓶无色、无气味的气体 A、B、C，它们分别是甲烷、氢气、一氧化碳中的一种。点燃每种气体，用干燥的冷烧杯罩在火焰上方，在 B、C 火焰上方的烧杯壁上有水滴出现，而 A 火焰上方的烧杯壁上没有水滴。燃烧后分别向烧杯中注入澄清的石灰水，振荡，A、B 烧杯内的石灰水变浑浊，C 烧杯内没有变化。试推断 A、B、C 分别是什么气体，写出有关反应的化学方程式。

5. 列举出你所知道的能源；你认为还能开发哪些新能源？

6. 氢气是清洁的燃料，如果作为汽车燃料，你认为目前存在什么困难？应解决哪些问题？

石油和煤的综合利用

有人曾称煤是"工业的粮食"，石油是"工业的血液"。其实不仅工业，其他如农业、国防、交通运输、建筑、医疗卫生和人们的日常生活等都离不开煤、石油和天然气。

石油经过加热分馏就得到石油气、汽油、煤油、柴油、润滑油、石蜡等产品。它们都是由碳、氢两种元素组成的有机化合物，它们之间的差别就是分子大小不一，它们燃烧后的产物都是 CO_2 和 H_2O，同时放出热量。人们常利用液化石油气、汽油、煤油、柴油等的燃烧，给工厂、农村、汽车、轮船、火车、飞机和家庭生活等提供所需要的动力和热量。

石油产品如果仅仅用作燃料烧掉就太可惜了。化学科技工作者设法把燃料油中较大的分子裂解成含二个、三个、四个碳原子等的小分子，然后把它们加工制造成各种产品，像塑料、合成纤维、合成橡胶、药物、农药、炸药、化肥、染料、洗涤剂等。这就是 20 世纪兴起的综合利用石油产品的工业——石油化工，它已经并正在为满足和丰富人类的

图 7-38　石油综合利用的部分产品

图 7-39　煤的综合利用

物质需要作出贡献。

　　煤也一样，如果只作燃料不仅是浪费，而且还由于煤中含硫、氮等元素较多，燃烧后的产物会污染大气环境。所以，如何合理和综合利用煤，一直是化学科技工作者致力研究的问题。如果将煤隔绝空气加热到上千摄氏度，就能使煤分解成焦炉煤气、粗氨水、焦炭和煤焦油。焦炉煤气可作洁净的燃料和化工原料；粗氨水可用于制化肥；焦炭可冶炼金属（如炼铁等）、制水煤气、做电极等；黑糊糊的煤焦油是一个大宝库，已经从它里面分离出了上百种化合物，又进一步制成了各种有用的物质，如染料、炸药、农药、药物、化肥、涂料和塑料等。

　　天然气除主要用作燃料外，也用于制造化工原料、化肥和炭黑等。

本单元小结

一、燃烧和灭火

燃烧的三个条件及灭火原理（填表）：

燃烧的条件	灭火原理

二、燃料

　　燃料是能源中的一类。人们使用燃料，是利用燃料燃烧反应放出的热量，将其应用于生活和生产的许多方面。

$$
燃料
\begin{cases}
化石燃料
\begin{cases}
煤 \\
石油 \\
天然气
\end{cases} \\
其他燃料：乙醇、氢气、柴草等
\end{cases}
$$

　　选择燃料应从资源、经济、技术和环境等多方面综合考虑，特别是要重视资源保护和燃烧产物对环境的影响等问题。

三、化学反应与能量

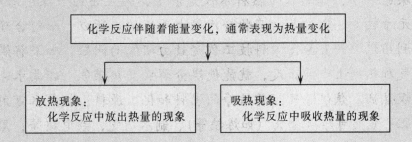

四、能源

在生活和生产中，人们经常利用的能源有化石能源、水能等；随着科学技术的发展以及生产和生活需求的增加，人们正在利用和开发其他新能源，如氢能、太阳能、核能、风能、地热能和潮汐能等。

附录 I 初中化学实验常用仪器和药品取用规则

1. 初中化学实验常用仪器介绍

仪 器	用 途	注意事项
试 管	用作少量试剂的反应容器,在常温或加热时使用	加热后不能骤冷,防止炸裂
试管夹	用于夹持试管	防止烧损和腐蚀
玻璃棒	用于搅拌、过滤或转移液体	
酒精灯	用于加热	见第一单元课题 3 中"酒精灯的使用方法"及"给物质加热"部分

 胶头滴管 滴瓶	胶头滴管用于吸取和滴加少量液体 滴瓶用于盛放液体药品	胶头滴管用过后应立即洗净,再去吸取其他药品 滴瓶上的滴管与滴瓶配套使用
 铁架台(包括铁夹和铁圈)	用于固定和支持各种仪器,一般常用于过滤、加热等实验操作	
 烧 杯	用作配制溶液和较大量试剂的反应容器,在常温或加热时使用	加热时应放置在石棉网上,使受热均匀
 量 筒	量度液体体积	不能加热,不能作反应容器
 集气瓶	用于收集或贮存少量气体	

2. 实验室药品取用规则

（1）不能用手接触药品，不要把鼻孔凑到容器口去闻药品(特别是气体) 的气味，不得尝任何药品的味道。

（2）注意节约药品。应该严格按照实验规定的用量取用药品。如果没有说明用量，一般应该按最少量 （1~2 mL） 取用液体。固体只需盖满试管底部即可。

（3）实验剩余的药品既不能放回原瓶，也不要随意丢弃，更不要拿出实验室，要放入指定的容器内。

（4）实验中要特别注意保护眼睛。万一眼睛里溅进了药液 （尤其是有腐蚀性或有毒的药液），要立即用水冲洗 （切不可用手揉眼睛）。洗的时候要眨眼睛，必要时请医生治疗。提倡使用防护眼镜。

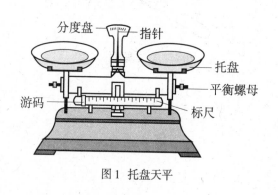

图1 托盘天平

3. 托盘天平的使用

托盘天平的构造如图 1 所示。托盘天平只能用于粗略的称量，能称准到 0.1 g。

（1）称量前先把游码放在标尺的零刻度处，检查天平是否平衡。如果天平未达到平衡，调节左、右的平衡螺母，使天平平衡。

（2）称量时把称量物放在左盘，砝码放在右盘。砝码可用镊子夹取，先加质量大的砝码，再加质量小的砝码，最后移动游码，直到天平平衡为止。记录所加砝码和游码的质量。

（3）称量完毕后，应把砝码放回砝码盒中，把游码移回0处。

化学实验称量的药品，常是一些粉末状或是易潮解的、有腐蚀性的药品，为了不使天平受到污染和损坏，使用时还应特别注意：

① 称量干燥的固体药品前，应在两个托盘上各放一张干净的大小相同的纸片，然后把药品放在纸上称量。

② 易潮解的药品，必须放在玻璃器皿 （如小烧杯、表面皿） 里称量。

4. 连接仪器装置

正确连接仪器装置是进行化学实验的重要环节。在初中化学实验中用得较多的是连接玻璃导管、橡皮塞、胶皮管等的操作。

(1) 把玻璃管插入带孔橡皮塞

先把要插入塞子的玻璃管的一端用水润湿，然后稍稍用力转动（小心！不要使玻璃管折断，以致刺破手掌），使它插入（如图2）。

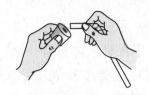

图2 把玻璃管插入橡皮塞的孔里

(2) 连接玻璃管和胶皮管

先把玻璃管口用水润湿，然后稍稍用力即可把玻璃管插入胶皮管（如图3）。

图3 在玻璃管上套上胶皮管

(3) 在容器口塞橡皮塞

应把橡皮塞慢慢转动着塞进容器口（如图4）。切不可把容器放在桌上再使劲塞进塞子，以免压破容器。

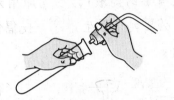

图4 用橡皮塞塞住试管

附录Ⅱ

相对原子质量表
(按照元素符号的字母次序排列)

符号	名称	相对原子质量	符号	名称	相对原子质量	符号	名称	相对原子质量
Ac	锕	[227]	H	氢	1.007 94(7)	Pu	钚	[244]
Ag	银	107.868 2(2)	He	氦	4.002 602(2)	Ra	镭	[226]
Al	铝	26.981 538(2)	Hf	铪	178.49(2)	Rb	铷	85.467 8(3)
Am	镅	[243]	Hg	汞	200.59(2)	Re	铼	186.207(1)
Ar	氩	39.948(1)	Ho	钬	164.930 32(2)	Rf	𬬻	[261]
As	砷	74.921 60(2)	Hs	𨭆	[277]	Rh	铑	102.905 50(2)
At	砹	[210]	I	碘	126.904 47(3)	Rn	氡	[222]
Au	金	196.966 55(2)	In	铟	114.818(3)	Ru	钌	101.07(2)
B	硼	10.811(7)	Ir	铱	192.217(3)	S	硫	32.065(5)
Ba	钡	137.327(7)	K	钾	39.098 3(1)	Sb	锑	121.760(1)
Be	铍	9.012 182(3)	Kr	氪	83.798(2)	Sc	钪	44.955 910(8)
Bh	𨨏	[264]	La	镧	138.905 5(2)	Se	硒	78.96(3)
Bi	铋	208.980 38(2)	Li	锂	6.941(2)	Sg	𬭳	[266]
Bk	锫	[247]	Lu	镥	174.967(1)	Si	硅	28.085 5(3)
Br	溴	79.904(1)	Lr	铹	[262]	Sm	钐	150.36(3)
C	碳	12.010 7(8)	Md	钔	[258]	Sn	锡	118.710(7)
Ca	钙	40.078(4)	Mg	镁	24.305 0(6)	Sr	锶	87.62(1)
Cd	镉	112.411(8)	Mn	锰	54.938 049(9)	Ta	钽	180.947 9(1)
Ce	铈	140.116(1)	Mo	钼	95.94(2)	Tb	铽	158.925 34(2)
Cf	锎	[251]	Mt	鿏	[268]	Tc	锝	[98]
Cl	氯	35.453(2)	N	氮	14.006 7(2)	Te	碲	127.60(3)
Cm	锔	[247]	Na	钠	22.989 770(2)	Th	钍	232.038 1(1)
Co	钴	58.933 200(9)	Nb	铌	92.906 38(2)	Ti	钛	47.867(1)
Cr	铬	51.996 1(6)	Nd	钕	144.24(3)	Tl	铊	204.383 3(2)
Cs	铯	132.905 45(2)	Ne	氖	20.179 7(6)	Tm	铥	168.934 21(2)
Cu	铜	63.546(3)	Ni	镍	58.693 4(2)	U	铀	238.028 91(3)
Db	𨧀	[262]	No	锘	[259]	Uub		[285]
Dy	镝	162.500(1)	Np	镎	[237]	Uun		[281]
Er	铒	167.259(3)	O	氧	15.999 4(3)	Uuq		[289]
Es	锿	[252]	Os	锇	190.23(3)	Uuu		[272]
Eu	铕	151.964(1)	P	磷	30.973 761(2)	V	钒	50.941 5(1)
F	氟	18.998 403 2(5)	Pa	镤	231.035 88(2)	W	钨	183.84(1)
Fe	铁	55.845(2)	Pb	铅	207.2(1)	Xe	氙	131.293(6)
Fm	镄	[257]	Pd	钯	106.42(1)	Y	钇	88.905 85(2)
Fr	钫	[223]	Pm	钷	[145]	Yb	镱	173.04(3)
Ga	镓	69.723(1)	Po	钋	[209]	Zn	锌	65.409(4)
Gd	钆	157.25(3)	Pr	镨	140.907 65(2)	Zr	锆	91.224(2)
Ge	锗	72.64(1)	Pt	铂	195.078(2)			

注：1. 相对原子质量录自 2001 年国际原子量表，以 $^{12}C=12$ 为基准。
2. 相对原子质量加方括号的为放射性元素的半衰期最长的同位素的质量数。
3. 相对原子质量末尾数的不确定度加注在其后的括号内。

附录Ⅲ

部分名词中英文对照表

一氧化碳	carbon monoxide
二氧化碳	carbon dioxide
中子	neutron
元素	element
元素周期表	periodic table of elements
元素符号	symbols for elements
分子	molecule
分解反应	decomposition reaction
化合反应	combination reaction
化合价	valence
化合物	compound
化学	chemistry
化学反应	chemical reaction
化学方程式	chemical equation
化学式	chemical formula
化学性质	chemical property
天然气	natural gas
水	water
甲烷	methane
电子	electron
石油	petroleum
石墨	graphite
自燃	autoignition
汽油	gasoline

纯净物	substance
还原反应	reduction reaction
单质	elementary substance
物理性质	physical property
空气	air
质子	proton
质量分数	mass fraction
质量守恒定律	law of conservation of mass
金刚石	diamond
氢气	hydrogen
相对分子质量	relative molecular mass
相对原子质量	relative atomic mass
原子	atom
原子团	atomic group
原子核	atomic nucleus
氧化反应	oxidation reaction
氧气	oxygen
离子	ion
能源	energy sources
混合物	mixture
硬水	hard water
稀有气体	rare gas
煤	coal
碳	carbon
燃料	fuel
燃烧	combustion
爆炸	explosion

后　记

　　我们在根据教育部制定的各科义务教育阶段国家课程标准（实验稿）编写一套义务教育课程标准实验教科书时，得到了许多教育界前辈和各学科的专家学者的帮助和支持。在本册教科书终于和课程改革实验区的学生见面时，我们特别感谢担任这套教材总顾问的丁石孙、许嘉璐、叶至善、顾明远、吕型伟、梁衡、金冲及、白春礼，感谢担任编写指导委员会主任委员的柳斌和编写指导委员会委员的江蓝生、李吉林、杨焕明、顾泠沅、袁行霈，感谢担任学科顾问的白春礼、宋心琦、武永兴、张健如，感谢张青莲、刘知新、严宣申、徐端钧、吴国庆、应礼文、姚光庆、王作民、王云生，并在此感谢一切对这套教材提出修改意见、提供过帮助和支持的所有专家、学者和教师。

课 程 教 材 研 究 所

化学课程教材研究开发中心

2001 年 6 月 28 日

谨向为本书提供照片的人士和机构等致谢

　　图 3《中国酒文化研究文集》广东人民出版社/图 5《中国染织史》上海人民出版社/图 8、图 12 大百科全书出版社/1-6、1-7 高等教育出版社/2-5（右）、2-7（左）、7-15《Chemistry》Cambridge/2-16（右）洪博/2-12、2-13《新編化学図解》第一学習社/3-6 IBM 公司 Almaden 研究中心/图 6、3-7 中国科学院北京真空物理实验室/3-26 刘刚/3-36（右）、7-29《elemente Chemie》Ernst Klett Verlag /6-1（右 2）《図解総合化学》啓林館 /6-16（右下）《高校化学ⅠA 新訂版》実教出版/七单元图中国画报社/7-7、新华社/7-16《総合理科》東京書籍 /7-19《高校化学ⅠA 新訂版》実教出版 /7-26《陶藝技法百科》邯郸出版社/7-27《CHEMISTRY: THE STUDY OF MATTER》PRENTICE HALL/7-30《化学ⅠB 改訂版》三省堂 /7-36《新しい 科学1》東京 書籍/ 7-37 阎醒民/二单元图、2-6（右 2）、3-29、7-18、7-31、7-32、7-33 李文鼎